高等院校经济管理类专业本科系列教材

微观经济学
WEIGUAN JINGJIXUE

主　编　臧真博　李聪慧

副主编　张龙飞　柴　瑜　王　屿

重庆大学出版社

内容提要

本书按照本科教育的规律,结合构建完整微观经济学知识体系的需要,系统介绍和阐述了现代微观经济学理论与我国社会经济发展的成果。本书主要内容包括供需理论、消费者行为理论、厂商行为理论、完全竞争市场、不完全竞争市场、要素价格理论、市场失灵与微观经济政策等内容,体现了本科教学特点。本书内容涵盖了微观经济学领域的各个方面,体系结构合理。本书注重知识性与实践性,除介绍基础理论外,每章末都附有课后综合练习题和案例导读,充分锻炼学生分析问题和解决问题的能力。

本书可以作为普通高等院校经济管理类专业和其他专业"微观经济学"课程教材,也可以作为对经济学感兴趣的读者的参考书。

图书在版编目(CIP)数据

微观经济学 / 臧真博,李聪慧主编. --重庆:重庆大学出版社,2023.3
高等院校经济管理类专业本科系列教材
ISBN 978-7-5689-2715-4

Ⅰ. ①微… Ⅱ. ①臧… ②李… Ⅲ. ①微观经济学—高等学校—教材 Ⅳ. ①F016

中国版本图书馆 CIP 数据核字(2021)第 102393 号

微观经济学

主 编 臧真博 李聪慧
副主编 张龙飞 柴 瑜 王 屿
责任编辑:顾丽萍 版式设计:顾丽萍
责任校对:关德强 责任印制:张 策

*

重庆大学出版社出版发行
出版人:饶帮华
社址:重庆市沙坪坝区大学城西路 21 号
邮编:401331
电话:(023) 88617190 88617185(中小学)
传真:(023) 88617186 88617166
网址:http://www.cqup.com.cn
邮箱:fxk@ cqup.com.cn(营销中心)
全国新华书店经销
中雅(重庆)彩色印刷有限公司印刷

*

开本:787mm×1092mm 1/16 印张:11 字数:270 千
2023 年 3 月第 1 版 2023 年 3 月第 1 次印刷
印数:1—3 000
ISBN 978-7-5689-2715-4 定价:33.00 元

前　言

本书基于本科人才的培养目标,以适应行业和经济发展的需要,以"理论应用"为主旨组织编写。本书在编写中着重加强对微观经济学基本理论和基本规律的分析,把介绍微观经济学的基本知识和原理与研究中国社会经济现象结合起来,做到理论阐述准确、系统、深入浅出,内容具有现实性和适用性,中心思想明确,重点突出。

近年来,中国经济领域日新月异,经济理论飞速发展,这需要我们及时更新完善教材内容,与时俱进。本书具有以下特点。

第一,本书凝聚作者多年教学经验,用了较大篇幅介绍微观经济学的基础知识和原理,力图给学生一个清晰、成熟、规范的微观经济学基础理论和专业基础知识框架;反映经济学的最新发展,并引导学生密切关注经济学理论与实践的最新动态,加深学生对微观经济学的概念、原理的理解,引导学生运用微观经济学知识分析现实中的经济问题。

第二,本书在体系设计和知识的涵盖方面,在反映微观经济学理论与经济实践发展的完整知识体系的同时,考虑到我国经济发展趋势,尽可能加入我国经济中的现实案例。本书在各章都设置了导入案例和拓展案例,以提高学生学习兴趣,使其能对相关内容进行更深入的了解和学习,从而提高理论与实际相结合的能力,帮助学生学以致用,满足现代经济发展需要。

第三,本书注重学生学以致用能力的培养,加强了应用型知识的介绍和练习;在每章开始,设有学习目标和知识点,帮助学生掌握该章的核心内容;在每章结尾,设有思考题,并配有大量练习题,帮助学生复习、巩固和消化知识。

本书由重庆城市科技学院臧真博、李聪慧老师担任主编,负责制订教材写作大纲、写作规范,并对全书进行修改。本书各章节编写分工如下:第1章由黄贞贞老师负责编写;第2章由李聪慧老师负责编写;第3章由宋娟娟老师负责编写;第4章由臧真博老师负责编写;第5章由王屿老师负责编写;第6章由柴瑜老师负责编写;第7章由苏莹老师负责编写;第8章由张龙飞老师负责编写。

由于编者水平有限,书中难免有疏漏之处,恳请读者批评、指正。

编　者
2022 年 10 月

目 录

第 1 章

经济学导论

◆ **学习目标**

- 深入了解经济资源稀缺性、经济学基本问题的内涵。
- 对机会成本与生产可能性曲线有总体把握。
- 了解"经济人"假设、实证分析与规范分析、均衡分析与边际分析,以及经济学的产生与发展。

◆ **知识点**

稀缺性;机会成本;生产可能性曲线;"经济人"假设;边际分析

◆ **案例导入**

竹篮与《圣经》

一位老人和他的小孙子住在肯塔基西部的农场。每天早上,老人都坐在厨房的桌边读《圣经》。一天,他的孙子问道:"爷爷,我试着像你一样读《圣经》,但是我不懂得《圣经》里面的意思。我好不容易理解了一点儿,可是我一合上书便又立刻忘记了。这样读《圣经》能有什么收获呢?"老人安静地将一些煤块投入火炉,然后说道:"用这个装煤块的篮子去河里打一篮子水回来。"孩子照做了,可是篮子里的水在他回来之前就已经漏完了。孩子一脸不解地望着爷爷,老人看看他手里的空篮子,微笑着说:"你应该跑快一点儿。"说完让孩子再试一次。这一次,孩子加快了速度,但是篮子里的水依然在他回来之前就漏光了。他对爷爷说道:"用篮子打水是不可能的。"说完,他去房间里拿了一个水桶。老人说:"我不是需要一桶水,而是需要一篮子水。你能行的,你只是没有尽全力。"接着,他来到屋外,看着孩子再试一次。现在,孩子已经知道用篮子盛水是行不通的。尽管他跑得飞快,但是,当他跑到老人面前的时候,篮子里的水还是漏光了。孩子喘着气说:"爷爷,你看,这根本没用。""你真的认为这一点儿用处都没有吗?"老人笑着说:"你看看这篮子。"孩子看了看篮子,发现它与先前相比的确有了变化。篮子十分干净,已经没有煤灰沾在竹条上面了。"孩子,这和你读《圣经》一样,你可能什么也没记住,但是,在你读《圣经》的时候,它依然在影响着你,净化着你的心灵。"

其实,学经济学与读《圣经》一样,只要我们天天读,即使我们不懂里面的意思,但它依然会使我们受益终身。因为,它会让我们领会经济学家的思想,学会像经济学家一样思考,培养良好的经济学思维习惯。

(资料来源:王华.小故事大智慧[M].北京:中国言实出版社,2010.)

1.1 经济学的研究对象

1.1.1 经济资源稀缺性与经济学

1)人类欲望的无限性与资源的稀缺性

(1)亚伯拉罕·马斯洛(Abraham Maslow)的需求层次理论

马斯洛需求层次理论(Maslow's Hierarchy of Needs),也称"基本需求层次理论",是行为科学的理论之一,由美国心理学家亚伯拉罕·马斯洛于1943年在《人类激励理论》论文中所提出。

该理论将需求分为五种,像阶梯一样从低到高,按层次逐级递升,分别为:生理上的需求、安全上的需求、情感和归属的需求、尊重的需求、自我实现的需求。

当前一种欲望或需要得到满足或部分满足以后,又会产生后一种欲望或需要。所以,人类的欲望是无限的。

(2)自由物品与经济物品

①自由物品。自由物品是指不需要付出任何代价就能够得到的有用物品,如阳光、空气等。

②经济物品。经济物品是指人类必须付出代价方可得到的产品或服务,即必须借助生产资源再经过人类加工出来的物品,其数量有限。

③二者的相对性。自由物品和经济物品在经济学中是相对的,即随着时间、地点和条件的变化,二者可以互相转化。例如,石头对居住在大山中的居民而言可能是自由物品,但对居住在平原上的居民而言可能是经济物品;海水对居住在海边的居民而言可能是自由物品,但对远离大海的海产品养殖者而言则可能是经济物品。随着污染的加剧,本来水、空气是自由取用物品,现在也变成经济物品。

(3)资源的稀缺性

相对于人类社会的无穷欲望而言,经济物品或者说生产这些物品的资源总是不足的。这种资源的相对有限性就是稀缺性。

这里需要指出的是,经济学上所说的稀缺性,不是指物品或资源绝对数量的多少,而是指相对于人类欲望的无限性而言,再多的物品和资源也是不足的,所以,稀缺性是相对的。但是,稀缺性的存在又是绝对的,它存在于人类社会的任何时期和任何地方。从历史上看,无论是原始社会还是当今社会,都存在资源的稀缺性。从现实来看,无论是贫穷地区还是富裕地区,都存在资源的稀缺性。

2)经济学

(1)什么是经济学

经济学是研究人类社会在各个发展阶段上的各种经济活动和各种相应的经济关系,及其运行、发展规律的学科。经济学的核心思想是物质的稀缺性和资源的有效利用,可分为两大主要分支:微观经济学和宏观经济学。

经济学起源于以希腊色诺芬、亚里士多德为代表的早期经济学,经过亚当·斯密、马克思、凯恩斯等经济学家的发展,经济学逐步由政治经济学向科学经济学发展。随着国民经济的高速发展,经济学研究和应用受到国家和民众的关注越来越高,理论体系和应用不断完善和发展。

经济学家从不同的角度对经济学下了诸多定义,如保罗·萨缪尔森在《经济学》一书中认为:经济学研究的是一个社会如何利用稀缺的资源生产有价值的商品,并将它们在不同的个体之间进行分配。又如马歇尔在《经济学原理》一书中认为:经济学是一门研究财富的学问,同时也是一门研究人的学问。

(2)微观经济学

按照研究问题对象范围的大小,经济学大致可分为微观经济学和宏观经济学两大部分,本书重点介绍微观经济学。

微观经济学(Microeconomics)中的"微观"(Micro)一词来源于希腊词语"Mikros",意为"小的"。这是因为,微观经济学这个学科研究的是微观或"小型"经济单位的经济行为,如消费者、投资者、工人、厂商,以及单个行业和市场等。然而,微观经济学的重要性远远超过了它的名称,它提供了认识各种层次的经济运行的基础知识和基本研究方法。这是因为,所有的经济决策最终都是由个体经济单位做出的:消费者决定购买哪些商品,消费多少;投资者决定购买什么股票,投资多少;工人决定就职于哪一类工作;厂商决定雇佣多少工人,创造多少产量。而微观经济学包含了对影响这些决策的各种因素的研究。这些个体决策相加的和就构成了一个总体经济的运行,因此可以说,微观经济学是众多的经济学课程中最为基础的一门课程。

3)基本问题

由于资源是稀缺的,因此如何利用有限的资源在有限的时间内去满足人们最重要、最迫切的欲望,便成了人类经济生活的首要课题。要解决这个问题,人类社会就必须进行选择。所谓选择,就是如何利用既定的资源去生产经济物品,以便更好地满足人类的欲望。它要解决的问题如下。

(1)What——生产什么,生产多少

资源的有限性决定了不能生产市场所需要的所有产品,而必须有所取舍,即:生产什

么,不生产什么;如果生产的话,又生产多少。另外,由于生产资源的用途是多方面的,并可以相互替代,如一定量生产要素的组合既可以用来生产小麦、棉花、蔬菜,也可以用来生产机器、建造厂房和机场等,因此人们在从事经济活动时就有必要进行合理而有效的选择,如何将稀缺的资源以最优的方式用于某些物品的生产,同时决定某种物品的生产数量。

(2)How——如何生产,即采用什么方法来生产

生产方法实际上就是如何对各种生产要素进行组合。生产任何物品,通常可以采用不同的技术和不同的生产方法。例如,生产一定数量的衣服可以采用劳动密集型的生产方法,也可以采用资本密集型的方法。不同的生产方法可以达到相同的产量,但在不同的情况下,其经济效率并不相同。因此,在生产什么、生产多少已定的情况下,人们就有必要选择合适的生产方法,以达到高效率地利用现有资源的目的。

(3)Who——为谁生产

为谁生产的问题,就是如何把生产出来的产品分配给社会各成员的问题,即社会成员按什么原则从社会产品中获得他应得的部分。产品在社会成员之间如何分配,将影响生产要素的流向和配置。在一般情况下,优质的劳动、资金、土地总是流向回报率较高的部门和企业。为了合理配置各种生产要素,人们就要研究社会产品如何分配的问题。

稀缺性是人类社会所面临的永恒的问题,所以"生产什么""如何生产"和"为谁生产"的问题,也就是人类社会所必须解决的基本问题。这三个问题被称为资源配置问题。所以微观经济学也被看作关于资源合理配置的科学。而资源的配置是通过市场来进行的,更确切地说,是通过市场上的价格来进行的。从这个意义上说,市场或价格问题是微观经济学的中心议题。

1.1.2 机会成本与生产可能性曲线

1)机会成本

机会成本(Opportunity Cost)是指为了得到某种东西而放弃另一些东西的最大价值;也可以理解为在面临多方案择一决策时,被舍弃选项中的最高价值则是本次决策的机会成本;还指厂商把相同的生产要素投入到其他行业当中去可以获得的最高收益。

例如,当一个厂商决定利用自己所拥有的经济资源生产一辆汽车时,这就意味着该厂商不可能再利用相同的经济资源来生产200辆自行车。于是,可以说,生产一辆汽车的机会成本是所放弃生产的200辆自行车。如果用货币数量来代替对实物商品数量的表述,且假定200辆自行车的价值为10万元,则可以说,一辆汽车的机会成本是价值为10万元的其他商品。

机会成本的产生是资源的稀缺性导致的。

2)生产可能性边界

生产可能性边界,也称生产可能性曲线,还可称为转换线。其英文是 Production-

Possibility Frontier,简称 PPF。生产可能性边界用来表示经济社会在既定资源和技术条件下所能生产的各种商品最大数量的组合,反映了资源稀缺性与选择性的经济学特征,如图 1.1 所示。

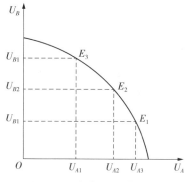

图 1-1　生产可能性曲线

　　生产可能性边界还可以用来说明潜力与过度的问题。生产可能性曲线以内的任何一点,都说明生产还有潜力,即还有资源未得到充分利用,存在资源闲置;而生产可能性之外的任何一点,则是现有资源和技术条件所达不到的;只有生产可能性边界之上的点,才是资源配置最有效率的点。

1.2　经济学的研究方法

1.2.1　"经济人"(理性人)假设

　　"经济人"就是以完全追求物质利益为目的而进行经济活动的主体。"经济人"(理性人)假设认为,人都希望以尽可能少的付出,获得最大限度的收获,并为此可不择手段。"经济人"意思为理性经济人,也可称"实利人"。这是古典管理理论对人的看法,即把人当作"经济动物"来看待,认为人的一切行为都是为了最大限度满足自己的私利,工作目的只是获得经济报酬。

　　"经济人"的假设,起源于享受主义哲学和英国经济学家亚当·斯密(Adam Smith)关于劳动交换的经济理论。亚当·斯密认为:人的本性是懒惰的,必须加以鞭策;人的行为动机源于经济和权力,以维持员工的效力和服从。

　　以个体利益最大化为追求目标的假设既在相当程度上反映了客观现实,也是理论分析得以进行的前提条件,否则理论分析就难以展开。其"经济人"假设具体表述为:作为消费者,追求的是既定收入条件下购买的消费品所带来的满足最大化;作为生产者,追求的是既定资源条件下利润的最大化;作为生产要素所有者,追求的是要素拥有的既定条件下要素收益的最大化。

1.2.2 实证分析和规范分析

1）实证分析

实证分析是指超越一切价值判断,从某个可以证实的前提出发,来分析人的经济活动。其特点为:回答"是什么"的问题;分析问题具有客观性;得出的结论可以通过经验事实进行验证。实证分析的任务仅仅是描述、解释和预测,而不是对经济活动的好坏做出评价。因此,实证分析的命题常常可以做类似的表述:"如果其他条件不变,那么 A 的出现必然导致 B 的发生。"经济学尤其是西方的主流经济学通常大量地采用数理分析方法,通过数学函数式、数学模型等来进行实证分析。

例如:"20 世纪 70 年代世界油价暴涨主要是由垄断力量达成的。"这句话就是比较客观的,是一个人通过经济模型得出来的结果,其他人无可辩驳,这就是实证分析。

2）规范分析

规范分析是指以一定的价值判断为基础,提出某些分析处理经济问题的标准,树立经济理论的前提,作为制定经济政策的依据,并研究如何才能符合这些标准。它要回答的是"应该是什么"的问题。

例如:"效率比平等更重要。"世界上没有一个经济定理这样说,有的人会认为效率重要,而平均主义者会认为平等更重要。这就带有主观评价,就是规范分析。

1.2.3 均衡分析与边际分析

1）均衡分析

经济学中,均衡指这样一种相对静止状态:经济行为人认为调整的决策(如调整价格、调整产量)已不可能增加任何好处,从而不再有改变行为的倾向;或两种相反的力量势均力敌,使力量所作用的事物不再发生变化,前者如消费者均衡、生产者均衡,后者如均衡价格、均衡产量。

均衡分为局部均衡(Partial Equilibrium)与一般均衡(General Equilibrium)。局部均衡分析是假定在其他条件不变的情况下来分析某一时间、某一市场的某种商品(或生产要素)供给与需求达到均衡时的价格决定。一般均衡分析则在各种商品和生产要素的供给、需求、价格相互影响的条件下,分析所有商品和生产要素的供给和需求同时达到均衡时所有商品的价格如何被决定。一般均衡分析是关于整个经济体系的价格和产量结构的一种研究方法,是一种比较周到和全面的分析方法。但由于一般均衡分析涉及市场或经济活动的方方面面,而这些又是错综复杂和瞬息万变的,实际上使这种分析非常复杂和耗费时间。因此在西方经济学中,大多采用局部均衡分析。

2）边际分析

边际分析即边际分析法（Marginal Analysis），是把追加的支出和追加的收入相比较，二者相等时为临界点，也就是投入的资金所得到的利益与输出损失相等时的点。如果组织的目标是取得最大利润，那么当追加的收入和追加的支出相等时，这一目标就能达到。

边际分析法是经济学的基本研究方法之一，不仅在理论上，而且在实际工作中也起着相当大的作用，是打开经济决策王国的钥匙。可以认为，边际分析法与管理决策优化密切相关。

边际分析法的数学原理很简单。对于离散（Dispersion）情形，边际值（Marginal Value）为因变量变化量与自变量变化量的比值；对于连续（Continuous）情形，边际值（Marginal Value）为因变量关于某自变量的导数值。所以，边际的含义本身就是因变量关于自变量的变化率，或者是自变量变化一个单位时因变量的改变量。在经济管理研究中，经常考虑的边际量有边际收入（MR）、边际成本（MC）、边际产量（MP）、边际利润（MB）等。

1.2.4 静态分析与动态分析

在均衡分析中，我们一般假定外在因素是已知的和既定的，来考察内在因素达到均衡状态的条件和在均衡状态下的情况。这种分析又被称为静态分析。

如果自变量中的一部分或全部发生了变化，那么，重新考虑同一问题时，会有两种不同的分析方法。一种分析方法是，先对变化之后的自变量再做一次静态分析，分析自变量变化后因变量达到均衡状态的情况，然后对变化前后两套不同外界因素条件下的因变量值进行比较，但不考察从原均衡状态到新均衡状态的变化过程。这种分析方法被称作比较静态分析，依然属于静态分析的范畴。另一种分析方法则要考察两个均衡状态之间的变化过程，这种方法被称为动态分析。通过动态分析我们可以了解在外界条件发生变化后，经济活动达到新的均衡状态所需的时间、经过的路径等。某些经济活动在受到外界干扰、偏离原均衡点后，会迅速收敛重新达到均衡状态；有些则需要一段漫长时间的调整；还有一些可能永远也达不到理论中的新的均衡状态，而是呈周期性上下波动，甚至向外发散，越来越背离均衡点。

在本书中，我们主要用到静态分析和比较静态分析的方法。

1.2.5 描述经济学理论的主要工具——经济模型

经济模型是指经济理论的数学表述。经济模型是一种分析方法，它极其简单地描述现实世界的情况。现实世界的情况是由各种主要变量和次要变量构成的，非常错综复杂，因而除非把次要的因素排除在外，否则不可能进行严格的分析，或使分析复杂得无法进行。通过做出某些假设，可以排除许多次要因子，从而建立起模型。这样一来，便可以通过模型对假设所规定的特殊情况进行分析。经济模型本身可以用带有图表或文字的方程来表示。

1.3　经济学的产生与发展

1.3.1　古典政治经济学

古典政治经济学即资产阶级古典政治经济学,是西欧资本主义产生时期的资产阶级政治经济学。其产生于17世纪中叶,完成于19世纪初。主要成果是奠定了劳动价值论的基础,并在不同程度上探讨了剩余价值的各种形式,如利润、利息和地租等问题。受资产阶级立场和历史条件的限制,它不了解资本主义发展规律,把资本主义经济关系和各种经济范畴都看成自然的、永恒的,不可避免地存在着庸俗的因素。

古典政治经济学在英国从威廉·配第开始,中间经亚当·斯密的发展,到李嘉图结束;在法国从布阿吉尔贝尔开始,到西斯蒙第结束。

古典政治经济学是政治经济学的早期形态之一,是在对重商主义进行批判的基础上建立的。它认为,一个国家相对于其他,国家的权力十分重要,但是国家乃至国际的经济条件和经济制度,特别是市场更为重要;在经济生活中,起决定作用的并非国家的政治权力,而是市场;国家的关系可能是一种"非零和"博弈。它的基本特征是认为经济决定政治,信奉经济自由主义,推行市场"这只看不见的手"。

古典政治经济学最先出现于工业革命时的英国,后来扩展到欧美,其代表人物有亚当·斯密等。

马克思主义政治经济学的主要来源就是英国的古典政治经济学,如亚当·斯密、李嘉图等的古典政治经济学流派。

1.3.2　新古典经济学

新古典经济学源于19世纪70年代的"边际革命",其创始人为英国剑桥学派的著名经济学家马歇尔。

新古典经济学的基本特点:建立在人与物的关系及物对人的满足的基础上(边际革命),否认经济危机(萨伊定律)和资本主义剥削关系(克拉克的边际生产力论),把市场经济关系变成了由符号和公式组成的数学模型,用数学逻辑证明资本主义自由竞争的市场经济可以自动实现均衡和使社会福利最大化(马歇尔局部均衡、瓦尔拉斯一般均衡和帕累托最优)。

1.3.3　凯恩斯主义经济学

凯恩斯主义经济学起源于1929—1933年的西方社会大萧条,是根据凯恩斯的著作《就业、利息和货币通论》的思想基础上产生的经济理论,主张国家采用扩张性的经济政策,通过增加需求促进经济增长。

凯恩斯的经济理论认为,宏观的经济趋向会制约个人的特定行为。18世纪晚期以来的"政治经济学"或者"经济学"建立在不断发展生产从而增加经济产出的理论基础上,而凯恩斯则认为对商品总需求的减少是经济衰退的主要原因。由此出发,他认为维持整体经济活动数据平衡的措施可以在宏观上平衡供给和需求。因此,凯恩斯的和其他建立在凯恩斯理论基础上的经济学理论被称为宏观经济学,以与注重研究个人行为的微观经济学相区别。

凯恩斯经济理论的主要结论是经济中不存在生产和就业向完全就业方向发展的强大的自动机制。这与新古典主义经济学所谓的萨伊定律相悖,后者认为价格和利息率的自动调整会趋向于创造完全就业。试图将宏观经济学和微观经济学联系起来的努力成了凯恩斯《就业、利息和货币通论》以后经济学研究中最富有成果的领域:一方面,微观经济学家试图找到他们思想的宏观表达;另一方面,货币主义和凯恩斯主义经济学家试图为凯恩斯经济理论找到扎实的微观基础。第二次世界大战以后,这一趋势发展成为新古典主义综合学派。

1.3.4 新自由主义经济学

自由主义思想最初形成于17世纪的英国,它是在古希腊等古代西方思想的基础上产生的,对现代经济思想、社会思想和政治思想都产生了很大的影响。以亚当·斯密为代表的古典政治经济学的自由主义思想被称为古典自由主义,也称旧自由主义。

新自由主义经济学是指当代西方经济理论中强调自由放任理论与政策的经济学体系和流派,产生于20世纪20—30年代,70年代末以来,它一直在西方经济学中占据主导地位,并且是全球绝大多数政党所采取的政治和经济趋向。无论是西方资本主义国家80年代的私有化浪潮、俄罗斯的"休克疗法",还是拉美国家进行的以"华盛顿共识"为基础的经济改革,都是新自由主义经济学的"经典之作"。

在西方经济学中,古典自由主义反对微观层次和宏观层次的政府调控,主张自由竞争、自由经营、自由贸易,坚信自由竞争市场势力的自发作用能够保证经济生活的协调和稳定增长,国家只需充当为自由竞争市场经济创造良好外部条件的"守夜人"即可。认为每一个人,在他不违反正义的法律时,都应听其完全自由,让他采取自己的方法,追求自己的利益,以其劳动及资本与任何其他人或其他阶级相竞争,政府是个没有效率的管理人。

新自由主义继承了资产阶级古典自由主义经济理论,并走向极端,大力宣扬自由化、私有化、市场化和全球化。其基本特征如下。

①私有化的所有制改革观,主张应迅速把公有资产低价卖(或送)给私人,认为私有制是人们"能够以个人的身份来决定我们要做的事情"。

②多要素创造价值的分配观,否定活劳动创造新价值和私有制具有经济剥削性质,认为贫富两极分化是高效率的前提和正常现象。

③反对任何形式的国家干预,把国家的作用仅限于"守夜人",反对马克思主义和新老凯恩斯主义的国家干预政策。

④主张一切产业都无须保护,应实行外向型的出口导向战略。

西方许多经济学流派都具有新自由主义的特点,比如货币学派、理性预期学派、供给学派、新制度学派等,它们是构成新自由主义经济学的重要经济学派。

◆本章小结

经济学研究的是个人、企业和政府在一定的经济条件下如何进行选择,以及这种选择对社会经济活动造成的影响。人们的选择行为基于资源的稀缺性,因此稀缺性是经济学研究的出发点和前提条件。在这一前提下,经济学要解决三个基本问题:生产什么、如何生产、为谁生产。

机会成本是指为了得到某种东西而所要放弃另一些东西的最大价值;也可以理解为在面临多方案择一决策时,被舍弃选项中的最高价值者是本次决策的机会成本;还指厂商把相同的生产要素投入到其他行业当中去可以获得的最高收益。

生产可能性边界,也称生产可能性曲线,也称转换线。生产可能性边界用来表示经济社会在既定资源和技术条件下所能生产的各种商品最大数量的组合,反映了资源稀缺性与选择性的经济学特征。

经济人就是以完全追求物质利益为目的而进行经济活动的主体,人都希望以尽可能少的付出,获得最大限度的收获,并为此可不择手段。"经济人"意思为理性经济人,也可称"实利人"。

经济学的研究方法有实证分析与规范分析、均衡分析与边际分析、静态分析与动态分析等。

经济学经历了古典政治经济学、新古典经济学、凯恩斯主义经济学、新自由主义经济学等发展过程。

◆案 例

你是"理性经济人"吗?

为了验证经济学中"理性经济人"这一基本假设,实验经济学家设计了许多实验来达到这一目的,其中一个很著名的实验是被称为"最后通牒博弈"的游戏。该游戏的规则是:两人分一笔固定数额100元的奖金,A首先提出分配方案,然后B来表决。即A提出的方案是给B一定数额 $x(0 < x < 100)$ 元,那么A可以得 $(100 - x)$ 元;接下来由B来决定是否接受该方案,如果B接受这一方案,则按照这种方案进行分配,如果B不接受此方案,那么两人将一无所得。

在该游戏中,如果我们按照"理性经济人"的假设,只要让 $x > 0$,那么B就应该接受,即A提出 $x=1$,A得99元,B得1元,B应该会接受,甚至 x 更小,只要 $x > 0$,B也会接受,否则两人得到的奖金将会是0。也就是说,按照"理性经济人"的假设,得到1元的效用大于得到0元的效用,那么B就会同意A的方案。但是,实际上并非一定如此。设想一下,在如此悬殊的比例下,B会觉得这太不公平了,A为什么可以拿走那么多的奖金,所以他很可能会拒绝接受A提出的方案。一旦他拒绝A的方案,实际上他就违反了"理性经济人"假设。从A的角度来看,如果A考虑到B很可能在分配不公平的情况下选择拒绝接受方案,从而给自己带来损失,那么A可能会选择多给B一些钱,而这一行为似乎又违反追求自身利益最大化的

"理性经济人"假设。

（资料来源：胡飞龙.实验经济学对经济学方法论的影响研究[J].现代商贸工业,2010,22(3)：26-27.）

案例分析与讨论题：

1. 如果你是 A,你会如何选择呢？那么,你是"理性经济人"吗？

2. 如果你是 B,结果又是怎样呢？

◆复习思考题

1. 如何理解经济学是一门研究社会如何将稀缺资源用于生产有价值的商品,以及在不同群体中进行分配的学问？

2. 市场是如何解决三大经济问题的？

3. 某同学计划利用假期的时间去做一次旅行,这便让他失去了暑假去打工获得 2 000 元收入的机会,也无法享受到在家的一日三餐。假设此次旅行的费用是 2 000 元,他还要花费 1 000 元买 1 台数码相机,为食物支出 700 元,那么,该学生此次旅游的机会成本是多少？假设他在家吃饭要交 300 元的伙食费,那他的机会成本是多少？

4. "经济理论根本就没有用处,因为经济模型建立在很多个假设上,忽略了客观世界太多的细节。因此它们不可能帮助人们理解经济是如何运行的。"请对这句话做出评价。

第 2 章

供需理论

◆ **学习目标**

- 了解需求或供给及影响需求或供给的不同因素,并严格区分需求量或供给量变动和需求或供给变动。
- 掌握弹性理论的概念,理解弹性理论。
- 掌握供求相互作用怎样决定均衡价格和均衡数量。

◆ **知识点**

供给;需求;供求曲线;均衡;需求价格弹性;需求收入弹性;需求交叉弹性;供给弹性

◆ **案例导入**

荔枝贵到吃不起？水果自由你实现了吗?

一、荔枝到底贵不贵？有人说贵,有人说不贵

在"荔枝自由"的微博评论下,不少网友纷纷吐槽荔枝贵得吃不起。有人甚至表示,60元一斤(1 斤=0.5 千克)算什么,"18 线"小城市 79 元一斤。荔枝价格真的贵了吗？记者随机走访了北京几家超市,发现荔枝的价格多集中在十几块钱一斤。在北京一家永辉生活店里,记者看到,妃子笑(荔枝的一个品种)的价格是 15.98 元一斤,已经被捡得所剩无几。丰台一家大型超市内,妃子笑价格为 19.8 元一斤,一对老夫妇在摊前驻足良久后还是看向了其他水果。在另一家社区商店里,荔枝的单价同样是 19.8 元,黄色价签上还能看到 24.8 元被划掉的痕迹。附近一位居民表示,去年荔枝要更便宜些,记得 6 月份买的时候,都不到 10块钱一斤。"现在价格有点贵,自己今年还没有买过。"在河南漯河一家大型超市里,荔枝的价格也是每斤 19.8 元。河南漯河居民刘维说:"感觉身边很少有人买来吃。"不过,也有居民感觉荔枝价格还算合适。在北京居住的小李说:"前两天买的荔枝是 10 块钱一斤,感觉并没有大家所说的那么贵。"一位在新发地批发市场工作的商贩也表示:"今年的荔枝算下来,是10 块钱一斤,这个价格相比往年还要便宜点。"在一家电商平台上,记者看到广西南宁的一位商家打出了妃子笑荔枝 59.9 元 6 斤的价格,核算下来,不到 10 元一斤,目前月销量上万。

二、今年"荔枝贵",可能的原因

1. 荔枝还没到大量上市的季节

"不同的荔枝品种,有着不同的成熟季节。现在还处于荔枝刚上市阶段,市面上售卖的多是中早期品种,价格肯定贵一些。等过一段时间,多个品种荔枝都上市以后,价格就会降下来,不排除比去年还要便宜的可能。"广西钦州水果流通协会朱先洪告诉记者。一些网友也表示,按照以往的情况来看,等过一段时间,荔枝大量上市,价格自然会降下来。

2. 不同品种价格差异较大

荔枝品种较为繁多,常见的就有三月红、妃子笑、白糖罂、桂味、挂绿、香荔、糯米糍等品种。不同品种的口味不同,价格也不尽相同。如与妃子笑上市时间接近的白糖罂价格上就比妃子笑高出不少。前段时间有媒体报道的 60 元一斤的荔枝品种,就是白糖罂,与妃子笑价格相比"实惠"很多。因此,一些人口中的"荔枝贵",可能是买了较贵品种的原因。

3. 逢上小年,产量下降

"去年是荔枝生产的大年,今年是小年,产量上可能不如去年,使价格相比去年稍高。"新发地农副产品批发市场统计部经理刘通表示。据中国天气网广东站发布的消息,经过去年大丰收后,荔枝树体消耗了大量的养分,导致成花基础能量物质不足;加上 2018—2019 年冬季气温偏高,荔枝树不能很好地积累养分进行花芽分化,影响今年荔枝的产量。荔枝减产意味着供给下降,进而带动价格升高。据媒体报道,广东省农业部门介绍,从近段时间荔枝早熟品种地头价看,粤西高州的三月红 15～20 元/斤,湛江徐闻的白糖罂 10～15 元/斤,应该是该类品种近十年来的最高价格区间。

三、苹果等很多水果涨价了

记者发现,"荔枝自由"的微博评论里,不少人回复,苹果、橘子等水果价格也涨了。在新发地批发市场,多位商贩也反映,今年不少水果确实涨了价。据在新发地精品水果区卖水果的老郑介绍,相比去年,"今年杨梅的价格涨了 1 元,葡萄的价格涨了 0.5 元,80% 的水果都涨价了"。很多商家表示,苹果今年要比去年贵得多。一位卖苹果的商贩说:"现在的苹果价格是 5 元多一斤,去年才 3 元多,价格贵了一大半。"除了苹果,今年的梨也经历了一番涨价。做鲜梨批发生意的商户告诉记者,现在一箱梨相比去年贵了三分之一。"不过今年梨产量不错,随着新梨上市,价格会有所调整。"他补充道。同时涨价的还有香蕉和西瓜。有商家告诉记者,香蕉每斤要比去年贵 3 元钱。另外,西瓜目前进价是 1.8～2.3 元,相比往年同期的价格稍高。批发市场里的价格变化也反映到了各大商超里的价签上。"水果普遍都涨价了,就拿苹果来说,价格涨了一半。"丰台一家菜市场里卖水果的商贩表示。北京几家超市里,普通苹果的价格集中在每斤 8～9 元。"去年比这便宜两三元吧。"一位顾客说,"现在梨也冲到八九元了,连香蕉都 4 元多一斤了,真心涨了不少。"不只是北京,"连锁超市里陕西苹果是 9.8元一斤,普通小水果店的中等个头苹果也要 7 元左右,感觉要吃不起苹果了。"在厦门上学的李黎也表示。在湖南长沙工作的林锦直吐槽:"樱桃本来就炒贵了,现在是贵上加贵,上次买的竟然要 178 元一斤,结账时差点退掉。"就全国范围看,多种水果的价格呈上涨趋势。农业农村部"全国农产品批发市场价格信息系统"监测显示,水果中,涨幅最大的要数富士苹果,自 3 月中旬起,环同比一直呈增长趋势,近两周来,同比涨幅甚至超过 40%。此外,春节过后,香蕉价格也一直高于去年同期价格,西瓜价格近两个月来同比一直上涨。多地近日公布的水果零售数据也指向同一个结果：涨价。如广东省商务厅发布信息显示，5月6—12日，水果零售均价环比上涨 0.2%。由于上周天气以阴雨为主，水果运输及存储成本略有增加，带动水果整体价格上涨。另据广西壮族自治区商务厅数据，5月6—12日，水果类的零售价格为 9.46 元/千克，价格环比上涨 1.94%。重点监测的 7 种零售水果品种中，苹果、葡萄、梨、西瓜、荔枝零售价格上涨。

四、水果为什么纷纷涨价？

"水果整体价格比去年高，像苹果和梨价格都翻了一倍，主要还是因为库存。"刘通表示。"由于去年春天天气状况不太好，低温天气持续时间较长，三四月份北方还经常刮风，使花掉了不少，坐果率下降。凡是春天开花、秋天结果的水果基本都出现了减产，包括苹果、梨、猕猴桃、葡萄及一部分地区的柑橘等。受北方大风影响，苹果和梨减产幅度较大。现在梨、猕猴桃和苹果处于库存尾期，新果还没有上来，价格就会比较高。"在新发地卖苹果的摊贩也称，"由于遭遇冰雹、霜冻，去年苹果的产量减少，现在都没货了。""水果涨价其实也是正常的现象"，刘通同时强调，"现在水果质量比原来要好，包装、分拣要求比较高，很多不好的果子都被剔出去了，市场上都是好果，价格肯定要高。"其次，有商户提到的人力成本、运输成本的增加，也对水果的价格产生了一定的影响。值得注意的是，现在澳大利亚车厘子、新西兰猕猴桃等，备受追求高品质生活人群的追捧，进口额连年增长。

《中国农村经济形势分析与预测(2018—2019)》报告显示，2018 年，我国进口水果 84.2 亿美元，比上年增长 34.5%。进口水果价格往往要比国内水果价位高。"车厘子论个卖，10 元买一个猕猴桃"的例子屡见不鲜。这些高价水果无疑也助推了国内水果价格的"水涨船高"。

五、有哪些水果是降价的吗？

那么多水果涨价，有没有水果是降价的呢？刘通透露，葡萄和芒果因为新品上市，价格已经有所下降。全国农产品批发市场监测数据显示，今年菠萝的价格相较去年有所下降。在一些超市，十几块就能买一个菠萝。一些小众水果，如杨桃、番石榴等，由于受众较小，价格上也没有什么变动。喜欢吃这些水果的人，可以敞开肚子来吃了。如果你连便宜的水果都吃不起的话，那么就把黄瓜和西红柿当水果吃，一个网友出了个"好主意"。

(资料来源：谢艺观. 中国新闻网，2019-05-14.)

2.1 需求的基本原理

2.1.1 需求量

1) 需求的含义

需求是指在一定时期内，消费者对某一商品在每一可能的价格水平愿意而且能够购买的数量。需求必须具备两个条件：一是消费者要有购买商品的欲望；二是消费者要有相应的支付能力。两者缺一不可。

理解这一概念，要注意以下四点。

①需求量是个预期概念,不是指实际购买量,是消费者预计、愿意或打算购买的数量。即:需求量≠实际购买量。

②需求量是指有效需求量,即有现实支付能力的需求。现实的支付能力指拥有足够的货币来支持。即:需求量≠愿望(妄想)。需求量是建立在有支付能力基础上的期望。

③需求总是涉及两个变量:价格(Price)、需求量(Quantity)。没有相应的价格,就谈不上需求。

④需求是一个流量概念,即在一定时期内(而不是一个时点上)消费者愿意购买的量,如每天、每星期、每年。

需求包括个人需求和市场需求。个人需求是指单个消费者对某种商品的需求。市场需求是指市场上所有消费者对某种商品的需求。个人需求是构成市场需求的基础,市场需求是所有个人需求的总和。

2)需求表

商品的需求表是一张表示某种商品的各种价格水平和与各种价格水平相对应的该商品的需求数量之间关系的数字序列表。表 2-1 是某商品的需求表。

表 2-1 某商品的需求表

价格—数量组合	A	B	C	D	E	F	G
价格/元	1	2	3	4	5	6	7
需求量(单位数)	700	600	500	400	300	200	100

从表 2-1 可以清楚地看到商品价格与需求量之间的函数关系。譬如,当商品价格为 1 元时,商品的需求量为 700 单位;当价格上升为 2 元时,需求量下降为 600 单位;当价格进一步上升为 3 元时,需求量下降为更少的 500 单位;以此类推。需求表实际上是用数字表格的形式来表示商品的价格和需求量之间的函数关系的。

3)需求曲线

需求曲线以几何图形来表示商品的价格和需求量之间的函数关系。商品的需求曲线是根据需求表中商品不同的价格—需求量的组合在平面坐标图上所绘制的一条曲线。图 2-1 是根据表 2-1 绘制的一条需求曲线。

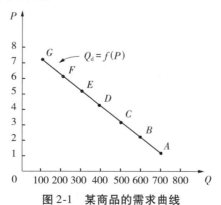

图 2-1 某商品的需求曲线

在图 2-1 中,横轴表示商品的数量,纵轴表示商品的价格。应该指出的是,与数学上的习惯相反,在微观经济学分析需求曲线和供给曲线时,通常以纵轴表示自变量 P,以横轴表示因变量 Q。

图中的需求曲线是这样得到的:根据表 2-1 中每一个商品的价格—需求量的组合,在平面坐标图中描绘相应的各点 A,B,C,D,E,F,G,然后顺次连接这些点,便得到需求曲线。它表示在不同的价格水平下消费者愿意而且能够购买的商品数量。

2.1.2　需求量的影响因素

影响商品需求的因素很多,概括起来主要有以下五种。

1)商品本身的价格 P(反向变动)

一般来说,一种商品的价格提高,该商品的需求量就会减小;相反,价格降低,需求量就会增大。

2)消费者的收入 I(同向变动)

消费者的收入水平与商品的需求量的变化分为两种情况。对于一般商品来说,当消费者的收入水平提高时,就会增加对商品的需求量;相反,当消费者的收入水平下降时,就会减少对商品的需求量。因此,对于一般商品而言,消费者的收入水平与商品的需求量呈同方向变化;而对于低档商品而言,消费者的收入水平与商品的需求量呈反方向变化。

3)相关商品价格 P_r

当一种商品本身的价格保持不变,而和它相关的其他商品的价格发生变化时,这种商品本身的需求量也会发生变化。商品之间的关系有两种,一种是互补关系,另一种是替代关系。

互补关系是指两种商品必须互相补充、互相配合才能满足同一种欲望。例如录音机与磁带。这种有互补关系的商品,当一种商品(例如录音机)价格上升时,对另一种商品(例如磁带)的需求就减少;反之,当一种商品的价格下降时,对另一种商品的需求就增加。互补商品价格变化引起该商品需求量的反方向变动。

替代关系是指两种商品可以相互代替来满足同一种欲望,它们之间是可以相互替代的。例如,羊肉和牛肉就是这种替代关系。这种有替代关系的商品,当一种商品(例如羊肉)价格上升时,对另一种商品(例如牛肉)的需求就增加。因为羊肉价格上升,人们少吃羊肉,必然多吃牛肉。反之,当一种商品价格下降时,另一种商品的需求就减少。替代商品价格变化引起该商品需求量的同方向变动。

4)消费者偏好 W(嗜好)

当消费者对某种商品的偏好程度增强时,该商品的需求量就会增加;相反,偏好程度减弱,需求量就会减少。消费者的偏好是心理因素,但更多地受人们生活与其中的社会环境,特别是当时当地的社会风俗习惯影响(如攀比心理等)。

5)对商品价格变化的预期 N

当消费者预期某种商品的价格在将来某一时期会上升……品的现期需求量;当消费者预期某种商品的价格在将来某一时期会下降时,就……商品的现期需求量。这也是一个心理因素,不过对消费者需求量影响的预期因素,个……价格预期,还有对未来收入和支出的预期、政府政策倾向的预期等。

2.1.3 需求函数

如果把影响需求的各种因素作为自变量,把需求作为因变量,则可以用函数关系来表示影响需求的因素与需求之间的关系,这种用来表示影响需求的因素与需求之间关系的函数称为需求函数。

需求函数用来表示一种商品的需求数量与影响该需求数量的各种因素之间的相互关系。以 Q_d 代表需求数量,P 代表商品的价格,P_r 代表相关商品的价格,I 代表消费者的收入,W 代表消费者的偏好,N 代表消费者的预期,则需求函数为:

$$Q_d = f(P, P_r, I, W, N)$$

如果不考虑影响需求的其他因素,而只考虑商品自身的价格与需求量之间的关系,就可以把需求函数写为:

$$Q_d = f(P) \tag{2-1}$$

式中,P 为商品的价格;Q_d 为商品的需求量。

假设某商品需求量与其价格之间是线性关系,即需求曲线是一条直线,那么,这种需求函数就是线性需求函数。其公式为:

$$Q_d = \alpha - \beta(P) \tag{2-2}$$

式中,α、β 为常数,α 为截距,β 为斜率的倒数。式2-2表明了某种商品的需求量 Q_d 是价格 P 的函数。需求函数是用模型法来表述需求这个概念。

2.1.4 需求定理

西方经济学家根据商品本身价格与需求量之间的关系,提出需求定理。需求定理的基本内容:在其他条件不变的情况下,某商品的需求量与价格呈反方向变动,即需求量随着商品本身价格的上升而减少,随商品本身价格的下降而增加。

在理解需求定理时,要特别注意"其他条件不变"这个假设条件。所谓"其他条件不变"是指除了商品本身的价格外,其他影响需求的因素都不变。如果离开了这个前提,需求定理就无法成立。

还需要指出的是,需求定理是对一般商品而言,讲的是一般规律,但需求定理也有例外。在某些市场上,某些产品并不完全符合需求规律。比如:

①某些低档商品。在特定的条件下价格下跌时,需求会减少,价格上涨时,需求反而增

加。英国经济学家罗伯特·吉芬于 19 世纪发现，1845 年爱尔兰发生灾荒，土豆价格上升，但是土豆的需求量却反而增加了。这一现象在当时被称为"吉芬难题"。这类需求量与价格呈同方向变动的特殊商品也因此被称作"吉芬商品"（Giffen Goods）。

②炫耀性商品，如名车、名表、豪宅、游艇、私人飞机。这一类商品已成为"土豪们"身份地位的象征。他们认为价格越高越能代表身份，自然价格越高，需求量就越大；相反，当价格下降时，需求量反而下降。

③投机性商品，如证券、黄金等。它们的需求曲线往往在价格上升到一定点后，随着价格继续上升，向右弯回，有的向左弯回。

2.1.5　需求的变动和需求曲线的移动

在现实中，影响需求的各种因素（商品本身的价格、其他相关商品的价格、收入等）既影响需求量，又影响需求。但在经济分析中为了方便起见，我们要区分需求量的变动与需求的变动。

1）需求量与需求的区别

需求量是指居民在某一特定时期内在某一价格水平时愿意而且能够购买的商品量。从图形上看，它是需求曲线上的某一点。

需求是指居民户在某一特定时期内在每一价格水平时愿意而且能够购买的商品量。从图形上看，它指的是整条需求曲线。

2）需求量变动与需求变动的区别

需求量的变动在图形上表现为同一条需求曲线上的点的位置移动。例如，在图 2-1 中，当商品的价格发生变化由 2 元逐步上升为 5 元，它所引起的商品需求数量由 600 单位逐步地减少为 300 单位时，商品的价格—需求数量组合由 B 点沿着既定的需求曲线 $Q_d = f(P)$，经过 C、D 点，运动到 E 点。需要指出的是，这种变动虽然表示需求数量的变化，但是并不表示整个需求状态的变化，因为这些变动的点都在同一条需求曲线上。可见，在同一条需求曲线上，向上方移动是需求量减少，向下方移动是需求量增加。

需求的变动在图形上表现为整条需求曲线的平行移动，如图 2-2 所示。图中原有的曲

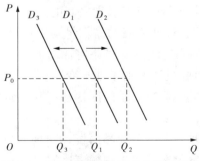

图 2-2　需求的变动和需求曲线的移动

线为 D_1。在商品价格不变的前提下，如果其他因素的变化使需求增加，需求曲线向右平移，如由图中的 D_1 曲线向右平移到 D_2 曲线的位置。如果其他因素的变化使需求减少，需求曲线向左平移，由需求变动所引起的这种需求曲线位置的移动，表示在每一个既定的价格水平需求数量都增加或减少了。例如，在既定的价格水平 P_0，原来的需求数量为 D_1 曲线上的 Q_1，需求增加后的需求数量为 D_2 曲线上的 Q_2，需求减少后的需求数量为 D_3 曲线上的 Q_3。而且，这种在原有价格水平上所发生的需求增加量 $Q_2 - Q_1$ 和需求减少量 $Q_1 - Q_3$ 都是由其他因素的变动所引起的。可见，需求曲线向左方移动是需求减少，需求曲线向右方移动是需求增加。

2.2 供给的基本原理

2.2.1 供给量

1)供给的含义

供给是指厂商(生产者)在某一特定时期内，在每一价格水平愿意而且能够供应的商品数量。供给也要具备两个条件：一是供给欲望；二是供给者有供给能力。厂商供给的产品可以是新生产的产品，也可以是过去的存货。

要理解这一概念，必须强调以下三个要点。

①供给量是个预期概念，不是指实际售卖量，是生产者预计、愿意或打算供给的数量，即供给量 ≠ 实际出售量。

②供给量是指有效供给量，即有现实生产能力的供给。现实的生产能力指拥有足够的生产条件来支持，即既包括新生产的产品，也包括已产未售的存货。

③供给总是涉及两个变量：价格、供给量。没有相应的价格，就谈不上供给。

2)供给表

商品的供给表是指某种商品的各种价格和与供给数量之间关系的数字序列表。表2-2是一张某商品的供给表。

表2-2 某商品的供给表

价格—数量组合	A	B	C	D	E
价格/元	2	3	4	5	6
供给量(单位数)	0	200	400	600	800

表2-2清楚地表示了商品的价格和供给量之间的函数关系。例如，当价格为6元时，商

品的供给量为 800 单位；当价格下降为 4 元时,商品的供给量减少为 400 单位；当价格进一步下降为 2 元时,商品的供给量减少为零。供给表实际上是用数字表格的形式来表示商品的价格和供给量之间的函数关系的。

3）供给曲线

商品的供给曲线是以几何图形表示商品的价格和供给量之间的函数关系。供给曲线是根据供给表中的商品的价格—供给量组合在平面坐标图上所绘制的一条曲线。图 2-3 便是根据表 2-3 所绘制的一条供给曲线。

图中的横轴表示商品数量,纵轴表示商品价格。在平面坐标图上,把根据供给表中商品的价格—供给量组合所得到的相应的坐标点 A, B, C, D, E 连接起来的线,就是该商品的供给曲线。它表示在不同的价格水平下生产者愿意而且能够提供出售的商品数量。和需求曲线一样,供给曲线也是一条光滑的和连续的曲线,它是建立在商品的价格和相应的供给量的变化具有无限分割性的假设基础上的。

从图 2-3 可以看出,供给曲线向右上方倾斜,其斜率为正值。它表明某种商品的价格与供给量呈同方向变动。

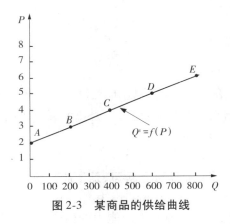

图 2-3　某商品的供给曲线

2.2.2　影响供给量的因素

影响商品供给的因素有很多,概括起来主要有以下 5 种。

1）商品自身的价格 P（同向）

一般来说,一种商品的价格越高,生产者提供的产量就越大;相反,商品的价格越低,生产者提供的产量就越小。

2）生产成本 C（反向）

在商品自身价格不变的条件下,生产成本上升会减少利润,从而使商品的供给量减少;相反,生产成本下降会增加利润,从而使商品的供给量增加。

3）生产技术水平 A（同向）

在一般情况下，生产技术水平的提高可以提高劳动生产率，降低生产成本，增加生产者的利润，生产者会提供更多的产量。

4）相关产品价格 P_r

当一种商品的价格保持不变，而和它相关的其他商品的价格发生变化时，该商品的供给量会发生变化。例如，对某个生产小麦和玉米的农户来说，在玉米价格不变和小麦价格上升时，该农户就可能增加小麦的耕种面积而减少玉米的耕种面积。

5）生产者预期 N（反向）

如果生产者对未来的预期是乐观的，如预期商品的价格会上涨，生产者在制订生产计划时就会增加产量供给。如果生产者对未来的预期是悲观的，如预期商品的价格会下降，生产者在制订生产计划时就会减少产量供给。

2.2.3 供给函数

如果把影响供给的各种因素作为自变量，把供给作为因变量，则可以用函数关系来表示影响供给的因素与供给之间的关系，这种用来表示影响供给的因素与供给之间关系的函数称为供给函数。以 S 代表供给，P 代表商品本身的价格，P_r 代表相关商品的价格，C 代表生产成本，A 代表生产技术，N 代表生产者对未来的预期，则供给函数为：

$$Q_S = f(P, P_r, A, C, N)$$

尽管影响供给量的因素复杂多样，但商品自身的价格是决定供给量最重要的因素。因此，通常假定影响供给量的其他因素不变，只研究供给量对商品自身价格的依存关系。供给函数一般可简写为：

$$Q_S = \varphi(P) \qquad (2\text{-}3)$$

式中，P 为商品的价格；Q_S 为商品的供给量。

如果某商品供给量与其价格之间是线性关系，那么，这种供给函数就是线性供给函数。其公式为：

$$Q_S = -\delta + \gamma(P) \qquad (2\text{-}4)$$

式中，δ, γ 为常数，且 $\delta, \gamma > 0$。与该函数相对应的供给曲线为一条直线。

2.2.4 供给定理

西方经济学根据商品本身价格与其供给量之间关系的分析，提出了包括如下内容的供给定理：在其他因素不变的情况下，某商品的供给量与价格之间呈同方向变动。即商品价格上升，供给量将增加；商品价格下降，供给量将减少。

在理解供给定理时，同样要注意"其他条件不变"这个假设条件。如果离开了这个前提，供给定理就无法成立。

需要指出的是,供给定理是对一般商品而言的,讲的是一般规律。这一规律也有例外。比如劳动力的供给,某些供给量无法增加的商品、土地、文物、艺术品等的供给就属于例外情况。

2.2.5 供给量的变动和供给的变动

1)供给量与供给的区别

供给量是指厂商在某一特定时期内在某一价格水平时,愿意而且能够提供的商品量。从图形上看,它就是供给曲线上的一点。

供给是指厂商在某一特定时期内在每一价格水平时,愿意而且能够提供的商品量。从图形上看,它指的是整条供给曲线。

2)供给量变动与供给变动的区别

供给量的变动是指在其他条件不变时,由某商品的价格变动所引起的该商品供给数量的变动。在几何图形中,这种变动表现为商品的价格—供给数量组合点沿着同一条既定的供给曲线的运动。前面的图 2-3 表示的是供给量的变动:随着价格上升所引起的供给数量的逐步增加,A 点沿着同一条供给曲线逐步运动到 E 点。可见,在同一条供给曲线上,向上方移动是供给量增加,向下方移动是供给量减少。

供给的变动是指在商品价格不变的条件下,由于其他因素变动所引起的该商品供给数量的变动。这里的其他因素变动可以指生产成本的变动、生产技术水平的变动、相关商品价格的变动和生产者对未来预期的变化等。在几何图形中,供给的变动表现为供给曲线的位置发生移动。图 2-4 表示的是供给的变动。在图中原来的供给曲线为 S_1。在除商品价格以外的其他因素变动的影响下,供给增加,则使供给曲线由 S_1 曲线向右平移到 S_2 曲线的位置;供给减少,则使供给曲线由 S_1 曲线向左平移到 S_3 曲线的位置。由供给的变化所引起的供给曲线位置的移动,表示在每一个既定的价格水平供给数量都增加或都减少了。例如,在既定的价格水平 P_0,供给增加,使供给数量由 S_1 曲线上的 Q_1 上升到 S_2 曲线上的 Q_2;相反,供给减少,使供给数量由 S_1 曲线上的 Q_1 下降到 S_3 曲线上的 Q_3。这种在原有价格水平上所发生的供给增加量 Q_1Q_2 和减少量 Q_3Q_1,都是由其他因素变化所带来的。可见,供给曲线右移,表示供给增加;供给曲线左移,表示供给减少。

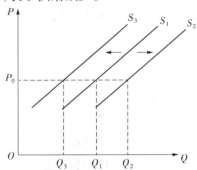

图 2-4 供给的变动和供给曲线的移动

2.3 均衡价格

2.3.1 均衡价格的决定

前面关于需求与供给的分析,只分别说明了消费者和生产者在不同的价格水平下,对某种商品的需求量和供给量,却没有说明商品本身的价格究竟是多少。要说明该商品价格的决定,就必须将需求和供给结合起来分析,这便是均衡价格的决定问题。

1)均衡价格的概念

均衡价格是指一种商品的市场需求量与市场供给量相一致的价格。从图 2-5 来看,均衡价格就是某种商品的市场需求曲线与市场供给曲线相交时的价格。这时需求量与供给量一致,称为均衡数量。

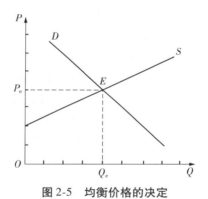

图 2-5   均衡价格的决定

在图 2-5 中,横轴表示数量(需求量与供求量),纵轴表示价格(需求价格和供给价格),D 曲线是某种商品的市场需求曲线,S 曲线是该商品的市场供给曲线。D 曲线与 S 曲线相交于 E 点,表示该商品市场达到均衡状态时的均衡点。E 点所对应的价格 OP_e 就是均衡点价格,OQ_e 为均衡数量。

2)均衡价格的形成

在西方经济学中,一种商品的均衡价格是指该种商品的市场需求量和市场供给量相等时的同一价格。在均衡价格水平下相等的供求数量称为均衡数量。从几何意义上说,一种商品市场的均衡出现在该商品的市场需求曲线和市场供给曲线相交的交点上,该交点称为均衡点。均衡点上的价格和相等的供求量分别称为均衡价格和均衡数量。

现在把图 2-1 中的需求曲线和图 2-3 中的供给曲线结合在一起,用图 2-6 说明一种商品的均衡价格的决定。

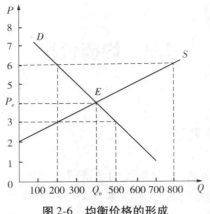

图 2-6　均衡价格的形成

　　商品的均衡价格表现为商品市场上需求和供给这两种相反的力量共同作用的结果,它是在市场的供求力量的自发调节下形成的。当市场价格偏离均衡价格时,市场上会出现需求量和供给量不相等的非均衡状态。一般来说,在市场机制的作用下,这种供求不相等的非均衡状态会逐步消失,实际的市场价格会自动地恢复到均衡价格水平。

　　当供求不平衡时,市场出现两种状态:过剩与短缺。

　　当市场价格高于均衡价格时,市场出现供大于求的商品过剩或超额供给的状况。在市场自发调节下:一方面,会使需求者压低价格来得到他要购买的商品量;另一方面,又会使供给者减少商品的供给量。这样,该商品的价格必然下降,一直下降到均衡价格的水平。当市场价格低于均衡价格时,市场出现供不应求的商品短缺或超额需求的状况。同样在市场自发调节下:一方面,需求者提高价格来得到他所需要购买的商品量;另一方面,又使供给者增加商品的供给量。这样,该商品的价格必然上升,一直上升到均衡价格的水平。由此可见,当实际价格偏离时,市场上总存在着变化的力量,最终达到市场的均衡或市场出清。

3)均衡价格的经济模型

　　均衡价格决定的条件可用以下经济模型来表示:

$$Q_D = f(P)$$
$$Q_S = f(P)$$
$$Q_D = Q_S$$

用其数学表达式概括其关系如下:

$$Q_D = \alpha - \beta(P)$$
$$Q_S = -\delta + \gamma(P)$$
$$Q_D = Q_S$$

只要给出 α, β, δ, γ 的数值,就可以求出均衡价格的数值。

2.3.2　均衡价格的变化

　　一种商品的均衡价格是由该商品市场的需求曲线和供给曲线的交点所决定的,因此,需求曲线或供给曲线的位置移动都会使均衡价格发生变动。下面,说明这两种移动对均衡价格以及均衡数量的影响。

1)供给不变、需求变动对均衡的影响

在供给不变的情况下,需求增加会使需求曲线向右平移,从而使均衡价格和均衡数量都增加;需求减少会使需求曲线向左平移,从而使均衡价格和均衡数量都减少,如图 2-7 所示。

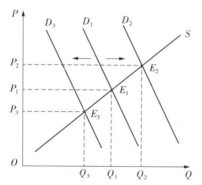

图 2-7 需求的变动和均衡价格的变动

2)需求不变、供给变动对均衡的影响

在需求不变的情况下,供给增加会使供给曲线向右平移,从而使均衡价格下降,均衡数量增加;供给减少会使供给曲线向左平移,从而使均衡价格上升,均衡数量减少,如图 2-8 所示。

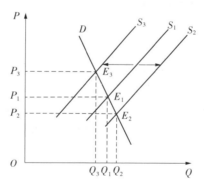

图 2-8 供给的变动和均衡价格的变

综上所述,可得出如下结论。

①需求与均衡价格和均衡数量同方向变动。即需求增加,均衡价格上升,均衡数量增加;需求减少,则均衡价格下降,均衡数量减少。

②供给与均衡价格反方向变动,与均衡数量同方向变动。即供给增加,引起均衡价格下降,均衡数量增加;供给减少,引起均衡价格上升,均衡数量减少。

这就是西方经济学中的供求规律。

3）需求和供给同时发生变动对均衡的影响

如果需求和供给同时发生变动,则商品的均衡价格和均衡数量的变化是难以肯定的,这要结合需求和供给变化的具体情况来决定。下面以图 2-9 为例进行分析。

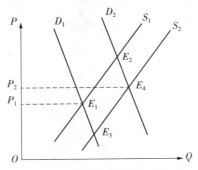

图 2-9　需求和供给的同时变动

假定消费者收入水平上升引起的需求增加,使需求曲线向右平移;同时,厂商的技术进步引起供给增加,使供给曲线向右平移。比较 S_1 曲线分别与 D_1 曲线和 D_2 曲线的交点 E_1 和 E_2 可见,收入水平上升引起的需求增加使均衡价格上升。再比较 D_1 曲线分别与 S_1 曲线和 S_2 曲线的交点 E_1 和 E_3 可见,技术进步引起的供给增加,又使均衡价格下降。最后,这两种因素同时作用下的均衡价格,将取决于需求和供给各自增长的幅度。由 D_2 曲线和 S_2 曲线的交点 E_4 可得:由于需求增长的幅度大于供给增加的幅度,因此,最终的均衡价格是上升了。

2.3.3　支持价格和限制价格

在完全竞争的市场中,商品的供给和需求决定价格,而价格又引导和调节着商品的供给和需求。价格机制就像是一只"看不见的手",指挥着人们的经济活动。然而,由于价格调节是在市场上自发进行的,有其盲目性,因此,有时由于供求关系决定的价格对经济不一定有利。又由于完全竞争的市场经济只是一种理论上的假设,现实中并不存在,因此价格常常受到政府政策的干预。政府对市场价格的干预方式主要有两种,即支持价格和限制价格。

1）支持价格

支持价格也称为最低限价,是指为了扶持某一行业的生产,对该行业产品规定的高于市场均衡价格的最低价格。如政府为了扶持农业,常实行农产品支持价格。支持价格通常高于均衡价格。可以用图 2-10 来分析。

图 2-10 表示政府对某种产品实行最低限价的情形。政府实行最低限价所规定的市场价格为 P_0。由图可见,最低限价 P_0 大于均衡价格 P_e,在最低限价 P_0 的水平,市场供给量 Q_2 大于市场需求量 Q_1,市场上出现产品过剩的情况。

为了维持支持价格,怎么处理过剩产品呢?此时政府可采取的措施有三种。

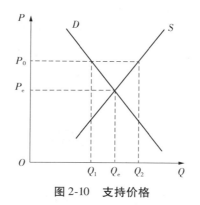

图 2-10　支持价格

①政府收购过剩商品。即政府按照支持价格 P_0，收购过剩产品 Q_1Q_2，或用于储备，或用于出口，或用于外援。

②政府限制产量。即政府规定将生产的数量控制在 OQ_1 使供、求平衡。

③政府弥补价格差额。即在目标产量的范围内，当产品的市场价格低于支持价格时，政府就按两者之间的差额对生产者进行补贴。

政府实行支持价格虽然对经济的发展和稳定有积极意义，但会加重政府的财政负担。

2）限制价格

限制价格也称为最高限价。它是指政府为了限制某些物品的价格上涨或抑制某些产品的生产而规定的低于市场均衡价格的最高价格。例如，政府为了限制某些生活必需品的价格上涨，常实行限制价格。限制价格常低于均衡价格。可以用图 2-11 来分析。

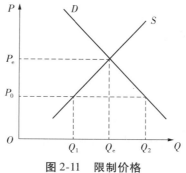

图 2-11　限制价格

图 2-11 表示政府对某种产品实行最高限价情形。政府实行最高限价政策，规定该产品的市场最高价格为 P_0。由图 2.11 可见，最高限价 P_0 小于均衡价格 P_e，且在最高限价 P_0 的水平，市场需求量 Q_2 大于市场供给量 Q_1，市场上出现供不应求的情况，短缺量为 Q_1Q_2。

政府实行最高限价的目的往往是抑制某些产品的价格上涨，特别是对付通货膨胀。当然，为了限制某些行业（如一些垄断性很强的公用事业），政府也采取最高限价的做法。但是，政府实行最高限价的做法也会带来一些不良的影响。最高限价下的供不应求会导致市场上消费者排队抢购和黑市交易盛行。在这种情况下，政府往往又不得不采取配给的方法来分配产品。

政府实行限制价格虽有利于社会平等和社会安定，但它只适应于短时期内的特殊情况，否则,一方面会挫伤厂商的生产积极性,抑制生产,使短缺变得更加严重;另一方面,会在资源缺乏的同时又造成资源浪费。此外,还有可能引起一些其他的社会问题。

支持价格和限制价格都是政府以干预的方式使商品价格脱离由市场供求力量形成的均衡价格的结果,但是,它们都建立在均衡价格理论基础之上。

2.4 弹性理论

前面已经谈到,价格的变动会引起需求量和供给量的变动,但不同商品的需求量和供给量对价格变动的反应程度是不同的。弹性理论就是要用定量分析方法说明影响需求和供给的因素(尤其是商品本身的价格)发生变动所引起的需求量和供给量的相对变动程度。

弹性原是物理学上的概念,是指某一物体受外力作用而做出的反应程度。在经济学中,弹性是指经济变量之间存在函数关系时,因变量对自变量变动的反应程度,其大小可用两个变量变动的百分比之比,即弹性系数来表示。

弹性的大小或反应程度的大小以因变量变动的百分比和自变量变动的百分比的比率来衡量。

$$弹性系数 = \frac{因变量的变化率}{自变量的变化率}$$

弹性在经济分析中应用十分广泛,本节主要介绍需求价格弹性、需求收入弹性、需求交叉弹性和供给弹性。

2.4.1 需求的价格弹性

1)需求价格弹性的定义和公式

需求的价格弹性通常被简称为需求弹性。它表示在一定时期内一种商品的需求量相对变动对该商品的价格相对变动的反应程度。需求价格弹性的大小通过需求价格弹性系数值的大小来反映。其公式为:

$$需求的价格弹性系数 = \frac{需求量变动率}{价格变动率}$$

如果以 E_d 代表需求价格弹性的弹性系数,$\frac{\Delta Q}{Q}$ 代表需求量变动的比率,$\frac{\Delta P}{P}$ 表示价格变动的比率,则需求弹性系数的一般公式为:

$$E_d = -\frac{\frac{\Delta Q}{Q}}{\frac{\Delta P}{P}} = -\frac{\Delta Q}{\Delta P} \times \frac{P}{Q}$$

需要指出的是,由于需求量与价格一般呈反方向变动,因此,需求价格弹性的弹性系数常为负值。为了便于比较,在公式的右端加一个负号,以便需求价格弹性的弹性系数取正值。

在理解需求价格弹性时必须注意,需求弹性系数不是指价格变动的绝对量与需求量变动的绝对量的比率,而是指价格变动的比率与需求量变动的比率的比率;在同一条需求曲线上,不同点的弹性系数的大小不相同。

2)需求价格弧弹性

需求价格弧弹性指某商品需求曲线上两点之间的需求量相对变动对价格相对变动的反应程度。简单地说,它表示需求曲线两点之间的弹性。

弧弹性计算公式:假定需求函数为 $Q_d = f(P)$,以 E_d 表示需求的价格弹性系数,则需求的价格弧弹性的公式为:

$$E_d = - \frac{\frac{\Delta Q}{Q}}{\frac{\Delta P}{P}} = - \frac{\Delta Q}{\Delta P} \times \frac{P}{Q} \tag{2-5}$$

式中, ΔQ 和 ΔP 分别表示需求量和价格的变动量; P 和 Q 分别表示价格和需求量的基量。

这里需要指出的是,在通常情况下,由于商品的需求量和价格是呈反方向变动的, $\frac{\Delta Q}{\Delta P}$ 为负值,因此,为了使需求的价格弹性系数 E_d 取正值以便于比较,在公式中加了一个负号。

设某种商品的需求函数为 $Q_d = 2\,400 - 400P$,其几何图形如图 2-12 所示。

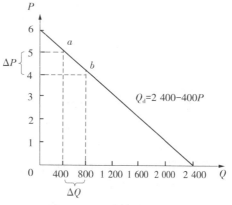

图 2-12 需求价格弧弹性

图中需求曲线上 a,b 两点的价格分别为 5 和 4,相应的需求量分别为 400 和 800。当商品的价格由 5 下降为 4 时,或者当商品的价格由 4 上升为 5 时,应该如何计算相应的弧弹性值呢? 根据式(2-5),相应的弧弹性分别计算如下。

由 a 点到 b 点(即降价时):

$$E_d = - \frac{\Delta Q}{\Delta P} \times \frac{P}{Q} = - \frac{Q_b - Q_a}{P_b - P_a} \times \frac{P_a}{Q_a} = - \frac{800 - 400}{4 - 5} \times \frac{5}{400} = 5$$

由 b 点到 a 点(即涨价时):

$$E_d = -\frac{\Delta Q}{\Delta P} \times \frac{P}{Q} = -\frac{Q_a - Q_b}{P_a - P_b} \times \frac{P_b}{Q_b} = -\frac{400 - 800}{5 - 4} \times \frac{4}{800} = 2$$

显然,由 a 点到 b 点和由 b 点到 a 点的弧弹性数值是不相同的。其原因在于:尽管在上面两个计算中,ΔQ 和 ΔP 的绝对值都相等,但由于 P 和 Q 所取的基数值不相同,因此,两种计算结果便不相同。这样一来,在需求曲线的同一条弧上,涨价和降价产生的需求的价格弹性系数便不相等。

中点弧弹性计算公式:以变量变动前后两个数值的算术平均数作为各自的分母来计算。如果仅仅是一般地计算需求曲线上某一段的需求价格弧弹性,而不是具体地强调这种需求价格弧弹性是作为涨价还是降价的结果,则为了避免不同的计算结果,一般通常取两点价格的平均值 $\frac{P_1 + P_2}{2}$ 和两点需求量的平均值 $\frac{Q_1 + Q_2}{2}$ 来分别代替式(2-5)中的 P 值和 Q 值。因此,需求的价格弧弹性计算公式(2-5)又可以写为:

$$E_d = -\frac{\Delta Q}{\Delta P} \times \frac{\frac{P_1 + P_2}{2}}{\frac{Q_1 + Q_2}{2}} \tag{2-6}$$

该公式也被称为需求的价格弧弹性的中点公式。

根据式(2-6),上例中 a,b 两点间的需求价格弧弹性为:

$$E_d = -\frac{400}{1} \times \frac{\frac{5 + 4}{2}}{\frac{400 + 800}{2}} = 3$$

3)需求价格点弹性

(1)需求点弹性的含义

点弹性是指需求曲线上某一点的弹性,也就是价格变动无限小时所引起的需求量变动的反应程度。点弹性所要计算的是令 ΔP 趋近于 0 的微量变化时,曲线上一点及邻近范围的弹性。由于用弧弹性计算,若弧线越长,两点距离越远,计算值的精确性越差,而在同一条需求曲线上,各个点的弹性值通常是不同的。需求价格点弹性的公式为:

$$E_d = \lim_{\Delta P \to 0} -\frac{\frac{\Delta Q}{Q}}{\frac{\Delta P}{P}} = -\frac{dQ}{dP} \times \frac{P}{Q} \tag{2-7}$$

这里 dQ/dP 就是需求曲线上任一点切线斜率的倒数。

可以利用需求价格点弹性的定义公式即式(2-7),来计算给定的需求曲线上某一点的弹性。仍用需求函数 $Q_d = 2\,400 - 400P$ 来说明这一计算方法。由需求函数 $Q_d = 2\,400 - 400P$ 可得:

$$E_d = -\frac{dQ}{dP} \times \frac{P}{Q} = -(-400) \times \frac{P}{Q} = 400 \times \frac{P}{Q}$$

在 a 点,当 $P = 5$ 时,由需求函数可得 $Q_d = 2\,400 - 400P = 400$,即相应的价格—需求量组

合 $(5,400)$，将其代入上式，便可得：

$$E_{\mathrm{d}} = -\frac{\mathrm{d}Q}{\mathrm{d}P} \times \frac{P}{Q} = \frac{400 \times 5}{400} = 5$$

即图 2-12 需求曲线上 a 点的需求价格弹性值为 5。同样地，可以求出曲线上任一点的点弹性值。

（2）需求点弹性是几何测定

几何方法测定：通常由需求曲线上任一点向价格轴和数量轴引垂线的方法来求得。

在图 2-13 中，线性需求曲线分别与纵坐标和横坐标相交于 A,B 两点，令 C 点为该需求曲线上的任意一点。从几何意义看，根据点弹性的定义，C 点的需求价格弹性可以表示为：

$$E_{\mathrm{d}} = -\frac{\mathrm{d}Q}{\mathrm{d}P} \times \frac{P}{Q} = \frac{GB}{CG} \times \frac{CG}{OG} = \frac{GB}{OG} = \frac{BC}{AC} = \frac{OF}{AF} \tag{2-8}$$

由此可得到这样一个结论：线性需求曲线上的任何一点的弹性，都可以通过该点出发向价格轴或数量轴引垂线的方法来求得。

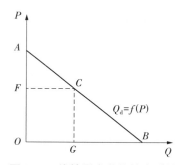

图 2-13　线性需求曲线的点弹性

在图 2-12 中的 a 点：

由 a 点向数量轴作垂线，再根据式 (2-8) 中的 $E_{\mathrm{d}} = \frac{GB}{OG}$，可得 $E_{\mathrm{d}} = \frac{2\,000}{400} = 5$。

或者，由 a 点向价格轴作垂线，再根据式 (2-8) 中的 $E_{\mathrm{d}} = \frac{OF}{AF}$，可得 $E_{\mathrm{d}} = \frac{5}{1} = 5$。

在 b 点：

$$E_{\mathrm{d}} = \frac{1\,600}{800} = 2 \quad \text{或} \quad E_{\mathrm{d}} = \frac{4}{2} = 2$$

对比一下可以发现，在此用几何方法计算出的 a,b 两点的弹性值与前面直接用点弹性定义公式计算出的弹性值是相同的。

显然，线性需求曲线上的点弹性有一个明显的特征，在线性需求曲线上的点的位置越高，相应的点弹性系数值就越大；相反，位置越低，相应的点弹性系数值就越小。

再考虑非线性需求曲线的点弹性。用图 2-14 来说明。

关于非线性需求曲线上的任何一点的弹性的几何意义，可以先过该点作需求曲线的切线，然后用与推导线性需求曲线的点弹性的几何意义相类似的方法来得到。

最后，要注意的是，在考察需求的价格弹性问题时，需求曲线的斜率和需求的价格弹性

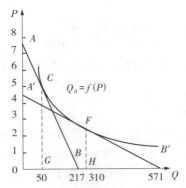

图 2-14　非线性需求曲线的点弹性

是两个紧密联系却又不相同的概念,必须严格地加以区分。

由前面对需求价格点弹性的分析可以清楚地看到,需求曲线在某一点的斜率为 dP/dQ。而根据需求的价格点弹性的计算公式,需求的价格点弹性不仅取决于需求曲线在该点的斜率的倒数值,还取决于相应的价格—需求量的比值 P/Q。因此,这两个概念虽有联系,但区别也是很明显的。这种区别在图 2-12 中得到了充分的体现:图中的线性需求曲线上每点的斜率 dQ/dP 都是相等的,但每点的点弹性值却是不相等的。由此可见,直接把需求曲线的斜率和需求的价格弹性等同起来是错误的。严格区分这两个概念,不仅对线性需求曲线的点弹性,而且对任何形状的需求曲线的弧弹性和点弹性来说,都是有必要的。

4)需求价格弹性的分类

不同商品的需求价格弹性是不同的。根据需求价格弹性系数的大小,可将需求价格弹性分为五种类型。

（1）需求完全无弹性

需求价格弹性等于 0,即 $E_d = 0$,表明需求量对价格的任何变动都无反应,或者说,无论价格怎样变动,需求量均不发生变化。在图形上,需求曲线表现为垂直于横轴的一条直线。在现实中,一般不存在这类典型的情况,但一些这样的生存必需品在消费量达到一定量后,接近这种特性。

（2）需求完全弹性

需求价格弹性无穷大,即 $E_d = \infty$,表明相对于无穷小的价格变化率,需求量的变化率是无穷大的,即价格趋近于 0 的上升,就会使无穷大的需求量一下子减少为 0;价格趋近于 0 的下降,需求量从 0 增至无穷大,称为完全弹性。在图形上为一条平行于横轴的直线。这也是一种现实中罕见的极端情况。

（3）需求单位弹性

需求价格弹性等于 1,即 $E_d = 1$。需求量的变化率＝价格的变化率,或者说,价格变动后引起需求量相同幅度变动, $\Delta Q/Q = \Delta P/P$, 称为单位弹性或恒常弹性。在图形上反映为正双曲线。这种情况在现实中也极端罕见。

（4）需求缺乏弹性

需求缺乏弹性,即 $0 < E_d < 1$。需求量的变化率小于价格的变化率,或者说,价格发生一定程度的变化,引起需求量较小幅度的变动,$\Delta Q/Q < \Delta P/P$,称为缺乏弹性。在图形上可用一条较为陡直的需求曲线来反映。生活必需品,如粮、油、蔬菜等大多属于这种情况。

（5）需求富有弹性

需求富有弹性,即 $\infty > E_d > 1$。需求量的变化率大于价格的变化率,或者说,价格发生一定程度的变化,引起需求量较大幅度的变动,称为富有弹性,或充足弹性。公式上看,$\Delta Q/Q > \Delta P/P$,在图形上可用一条较为平缓的需求曲线来反映。奢侈品和价格昂贵的享受型劳务,如珠宝、国外旅游等就属于这种情况。需求价格弹性的 5 种类型如图 2-15 所示。

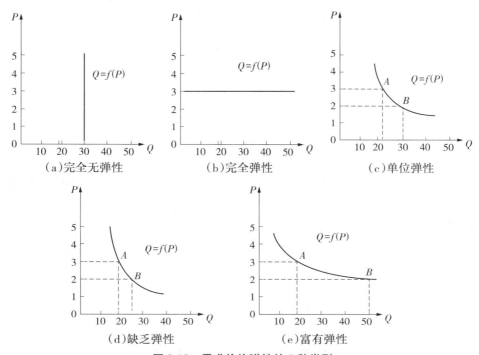

图 2-15 需求价格弹性的 5 种类型

5）影响需求价格弹性的因素

影响需求价格弹性的因素有很多,其中主要有以下五个。

（1）商品的可替代性

一般来说,一种商品的可替代品越多,相近程度越高,则该商品的需求的价格弹性往往就越大;相反,该商品的需求价格弹性往往就越小。

例如,在水果市场,相近的替代品较多,这样,某水果的需求弹性就比较大。又如,对于食盐来说,没有很好的替代品,所以,食盐价格的变化所引起的需求量的变化几乎为零,它的需求价格弹性是极其小的。

对一种商品所下的定义越明确越狭窄,这种商品相近的替代品往往就越多,需求价格弹性也就越大。譬如,某种特定商标的豆沙甜馅面包的需求要比一般的甜馅面包的需求更有弹性,甜馅面包的需求又比一般面包的需求更有弹性,而面包的需求价格弹性比一般的面粉制品的需求价格弹性又要大得多。

（2）商品用途的广泛性

一般来说,一种商品的用途越是广泛,它的需求价格弹性就可能越大;相反,用途越是狭窄,它的需求价格弹性就可能越小。这是因为,如果一种商品具有多种用途,当它的价格较高时,消费者只购买较少的数量用于最重要的用途上。当它的价格逐步下降时,消费者的购买量就会逐渐增加,将该商品越来越多地用于其他的各种用途上。

（3）商品对消费者生活的重要程度

一般来说,生活必需品的需求价格弹性较小,非必需品的需求价格弹性较大。例如,馒头的需求价格弹性是较小的,电影票的需求价格弹性是较大的。

（4）商品的消费支出在消费者预算总支出中所占的比重

消费者在某种商品上的消费支出在预算总支出中所占的比重越大,该商品的需求价格弹性可能越大;反之,则越小。例如,火柴、盐、铅笔、肥皂等商品的需求价格弹性就是比较小的。因为,消费者每月在这些商品上的支出是很小的,消费者往往不太重视这类商品价格的变化。

（5）所考察的消费者调节需求量的时间

一般来说,所考察的调节时间越长,则需求价格弹性就可能越大。因为,当消费者决定减少或停止对价格上升的某种商品的购买之前,他一段需要花费时间去寻找和了解该商品的可替代品。例如,当石油价格上升时,消费者在短期内不会较大幅度地减少需求量。但设想在长期内,消费者可能找到替代品,于是,石油价格上升会导致石油的需求量较大幅度地下降。

6）需求价格弹性与总收益的关系

需求的价格弹性与总收益密切相关。不同需求弹性的商品,其价格上升或下降所引起的总收益变动的结果是不一样的,这对厂商确定商品的销售价格或营销策略具有重要意义。

总收益也称总收入,总收益是指厂商出售一定量商品所得到的全部收入,即商品价格与销售量的乘积。若以 TR 表示总收益,P 表示价格,Q 表示销售量,则总收益的计算公式为: $TR = P \cdot Q$。根据这个公式,人们会认为提价可增加总收益,降价会减少总收益,实际情况并非如此。由于商品的需求弹性不同,因此,价格变动所引起的总收益的变动也就不同。降价不一定减少总收益,涨价也不一定增加总收益。如何解释这些现象呢? 这便涉及商品的需求价格弹性和厂商的销售收入两者之间的相互关系。

厂商原来的销售收入 $TR_1 = P \cdot Q$

新的销售收入 $TR_2 = (P + \Delta P)(Q + \Delta Q)$

销售收入的变化为 ΔTR, 而 $\Delta TR = TR_2 - TR_1$

为便于比较,我们把价格变化、弹性大小与销售收入变化的关系归纳为表 2-3。

表2-3 价格变化、弹性大小与销售收入变化的关系

需求弹性的值	种 类	对销售收入的影响
$E_d > 1$	富有弹性	价格上升,销售收入减少 价格下降,销售收入增加
$E_d = 1$	单一弹性	价格上升,销售收入不变 价格下降,销售收入不变
$E_d < 1$	缺乏弹性	价格上升,销售收入增加 价格下降,销售收入减少

由上述分析可知,在需求弹性大时,厂商宜采用薄利多销的方式来增加销售收入;当需求弹性小时,则可考虑以提高价格的方式来达到增加销售收入的目的。

2.4.2 需求的收入弹性和交叉弹性

1)需求的收入弹性

需求的收入弹性表示在一定时期内消费者对某种商品需求量的相对变动对消费者收入量相对变动的反应程度。它是商品需求量的变动率和消费者收入量的变动率的比值。

假定某商品的需求量 Q 是消费者收入水平 I 的函数,即 $Q = f(I)$,则该商品的需求的收入弹性公式为:

$$E_I = \frac{\frac{\Delta Q}{Q}}{\frac{\Delta I}{I}} = \frac{\Delta Q}{\Delta I} \times \frac{I}{Q} \tag{2-9}$$

或

$$E_I = \lim_{\Delta I \to 0} \frac{\Delta Q}{\Delta I} \times \frac{I}{Q} = \frac{dQ}{dI} \times \frac{I}{Q} \tag{2-10}$$

式(2-9)和式(2-10)分别为需求的收入弧弹性和点弹性公式。

根据商品的需求的收入弹性系数值,可以将所有商品分为两类:$E_I > 0$ 的商品为正常品,正常品的需求量随收入水平的增加而增加;$E_I < 0$ 的商品为劣等品,劣等品的需求量随收入水平的增加而减少。在正常品中,$E_I < 1$ 的商品为必需品,$E_I > 1$ 的商品为奢侈品。当消费者的收入水平上升时,尽管消费者对必需品和奢侈品的需求量都会有所增加,但对必需品的需求量的增加是有限的,或者说是缺乏弹性的,而对奢侈品的需求量的增加量是较多的,或者说是富有弹性的。

2)需求的交叉弹性

需求的交叉价格弹性也常被简称为需求的交叉弹性,是指在影响某商品(如X)需求的其他各种因素都给定并不变的条件下,另一相关商品(如Y)的价格(P_X)变动所引起的X的

需求量（Q_X）的变动程度。它是该商品的需求量的变动率和它的相关商品价格的变动率的比值。

假定商品 X 的需求量 Q_X 是它的相关商品 Y 的价格 P_Y 的函数，即 $Q_\mathrm{X}=f(P_\mathrm{Y})$，则商品 X 的需求的交叉价格弹性公式一般表达式为：

$$E_\mathrm{XY} = \frac{\dfrac{\Delta Q_\mathrm{X}}{Q_\mathrm{X}}}{\dfrac{\Delta P_\mathrm{Y}}{P_\mathrm{Y}}} = \frac{\Delta Q_\mathrm{X}}{\Delta P_\mathrm{Y}} \times \frac{P_\mathrm{Y}}{Q_\mathrm{X}} \tag{2-11}$$

或

$$E_\mathrm{XY} = \lim_{\Delta P_\mathrm{Y} \to 0} \frac{\dfrac{\Delta Q_\mathrm{X}}{Q_\mathrm{X}}}{\dfrac{\Delta P_\mathrm{Y}}{P_\mathrm{Y}}} = \frac{\mathrm{d} Q_\mathrm{X}}{\mathrm{d} P_\mathrm{Y}} \times \frac{P_\mathrm{Y}}{Q_\mathrm{X}} \tag{2-12}$$

需求的交叉价格弹性系数的符号取决于所考察的两种商品的相关关系。若两种商品之间存在着替代关系，则一种商品的价格与它的替代品的需求量之间呈同方向变动，相应的需求的交叉价格弹性系数为正值。若两种商品之间存在着互补关系，则一种商品的价格与它的互补品的需求量之间呈反方向的变动，相应的需求的交叉价格弹性系数为负值。若两种商品之间不存在相关关系，则意味着其中任何一种商品的需求量都不会对另一种商品的价格变动做出反应，相应的需求的交叉价格弹性系数为零。

同样的道理，反过来，可以根据两种商品之间的需求的交叉价格弹性系数的符号，来判断两种商品之间的相关关系。若两种商品的需求的交叉价格弹性系数为正值，则这两种商品之间为替代关系；若为负值，则这两种商品之间为互补关系；若为零，则这两种商品之间无相关关系。

2.4.3　供给价格弹性

1）供给价格弹性的定义及公式

供给价格弹性表示：在一定时期内某一商品供给量的相对变动对该商品价格相对变动的反应程度，即商品供给量变动率与价格变动率之比，用 E_s 表示。

$$供给的价格弹性 = \frac{供给量变动的百分比}{价格变动的百分比}$$

弧弹性计算公式：假定供给函数为 $Q=f(P)$，以 E_s 表示供给的价格弹性系数，则供给的价格弧弹性的公式为：

$$E_\mathrm{s} = \frac{\dfrac{\Delta Q}{Q}}{\dfrac{\Delta P}{P}} = \frac{\Delta Q}{\Delta P} \times \frac{P}{Q} \tag{2-13}$$

点弹性计算公式：

$$E_{\mathrm{S}} = \frac{\dfrac{\mathrm{d}Q}{Q}}{\dfrac{\mathrm{d}P}{P}} = \frac{\mathrm{d}Q}{\mathrm{d}P} \times \frac{P}{Q} \tag{2-14}$$

在通常情况下,商品的供给量和商品的价格是呈同方向变动的,供给的变动量和价格的变动量的符号是相同的,所以 E_{S} 一般为正。

几何弹性计算:供给的价格点弹性也可以用几何方法来求得。在此,用图 2-16 以线性供给函数为例来加以说明。

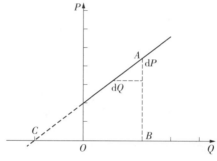

图 2-16　线性供给曲线的点弹性

在 A 点的点弹性值:

$$E_{\mathrm{S}} = \frac{\mathrm{d}Q}{\mathrm{d}P} \times \frac{P}{Q} = \frac{CB}{AB} \times \frac{AB}{OB} = \frac{CB}{OB}$$

2)供给价格弹性的分类

根据供给价格弹性系数的大小,供给价格弹性可分为以下 5 种类型,如图 2-17 所示。

(1) $E_{\mathrm{S}} = 0$:供给完全无弹性

无论价格如何变,都不会引起供给量的变化($\Delta Q = 0$),供给曲线是一条与纵轴平行的垂线。古玩、名画等商品的供给,就属于这种情况。

(2) E_{S} 为 $+\infty$:供给完全弹性

价格的微小变化就会引起供给量的无穷大的变化,也可以理解为在价格既定的水平上,供给量可以无限增加,供给曲线是一条与横轴平行的水平线。只有在商品出现严重过剩时,才可能出现类似的情况。

(3) $E_{\mathrm{S}} = 1$:供给单一弹性(供给单位弹性)

价格与供给量同比例变动,供给曲线是一条由原点出发的射线。这是现实中一种极端的情况。

(4) $0 < E_{\mathrm{S}} < 1$:供给缺乏弹性

供给量变动的百分比小于价格变动的百分比,供给曲线的形状比较陡峭。

(5) $E_{\mathrm{S}} > 1$:供给富有弹性

供给量变动的百分比大于价格变动的百分比,供给曲线的形状比较平坦。

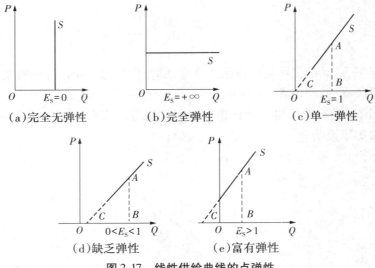

（a）完全无弹性　　　　（b）完全弹性　　　　（c）单一弹性

（d）缺乏弹性　　　　（e）富有弹性

图 2-17　线性供给曲线的点弹性

3）供给价格弹性的影响因素

从以上的分析中可以看出，不同商品的供给价格弹性是不同的。影响商品的供给价格弹性的因素有很多，其中主要有以下四个。

（1）生产要素的供给弹性

供给受制于生产要素的供给，一般来讲，生产要素的供给弹性大，产品的供给弹性也大；反之就小。

（2）成本的变化

成本是影响供给量的重要因素。如果某产品的成本随产量的增加只是轻微增加或不增加，则产品的供给弹性大；如果某产品的成本随产量的增加而明显上升，则供给弹性小。

（3）生产的难易程度

一般而言，在一定时期内，容易生产而且生产周期短的产品，当价格变动时其产量变动的速度快，因而供给弹性大；较难生产且生产周期长的产品，则供给弹性小。

（4）生产规模变动的难易程度

一般来说，生产规模大的资本密集型企业，其生产规模较难变动，因而其产品的供给弹性小；而规模较小的劳动密集型企业，则应变能力强，其产品的供给弹性大。

◆本章小结

1. 消费者的需求主要取决于商品价格、相关商品的价格和自己的收入等。需求曲线是对需求规律的几何表达。

2. 生产者的供给主要取决于商品的价格和商品生产的成本等。供给曲线是对供给规律的几何表达。

3. 需求量的变动不等于需求的变动，供给量的变动也不等于供给的变动。

4. 需求和供给是市场上的两种基本力量,它们的共同作用决定商品的均衡价格和均衡产量,但市场均衡并非静止不变。

5. 需求方面的弹性分为需求的价格弹性、需求的交叉弹性和需求的收入弹性,它们分别用来表示商品需求量对影响它的有关因素的变化的反应程度。供给方面的弹性与此类似。

◆案　例

航空客运与铁路客运的需求弹性

20 世纪末,我国的航空客运票价与铁路客运票价成为媒体与老百姓关注的热点之一。过去,各大航空公司根据航空客运市场的情况,实际上都对机票实行不同程度的折价出售。后来,民航总局为了整顿航空客运市场的票价秩序,强制性统一规定机票一律按全价出售,不得折价出售。这样,机票实际上相当于涨价了。于是,人们纷纷改乘火车等其他交通工具,飞机乘客大幅度减少。那时,一架波音 777 航班上只坐着十几位乘客的现象并不少见。航空公司出现普遍性亏损。在航空公司的呼吁和现实市场压力下,民航总局后又对机票折价出售采取默许态度,飞机乘客量马上明显反弹,航空公司的销售收入也相应地明显增加。与航空客运的较大需求弹性相反,我国铁路客运市场的需求弹性很小,尤其是在春运期间。铁道部为了减轻铁路客运压力,提高了春运期间的列车客运票价,实际上为列车客运经营部门增加了可观的收入。许多消费者对铁道部的提价行为表示不满,有的消费者甚至对铁道部的提价行为提起了诉讼。

案例分析与讨论题:

(1)为什么我国航空客运的需求弹性大而铁路客运的需求弹性小?

(2)非春运期间的火车票价适度降低能否增加客运收入?

◆复习思考题

一、单选题

1. 保持所有因素不变,某种商品的价格下降,将导致(　　)。

A. 需求增加　　　　　　　　　　　B. 需求减少

C. 需求量增加　　　　　　　　　　D. 需求量减少

2. 消费者预期某物品未来价格要上升,则对该物品当前需求会(　　)。

A. 减少　　　　　　　　　　　　　B. 增加

C. 不变　　　　　　　　　　　　　D. 上述三种情况都可能

3. 如果消费者对某商品的偏好突然增加,同时这种产品的生产技术有很大改进,我们可以预料(　　)。

A. 该商品的需求曲线和供给曲线都向右移动并使均衡价格和产量提高

B. 该商品的需求曲线和供给曲线都向右移动,并使均衡价格和产量下降

C. 该商品的需求曲线和供给曲线都向左移动,并使均衡价格上升而均衡产量下降

D. 该商品的需求曲线和供给曲线都向右移动,并使均衡产量增加,但均衡价格可能上升也可能下降

4. 如果商品 A 和商品 B 是替代的,则 A 的价格下降将造成(　　)。

A. B 的需求曲线向上移动　　　　　　　B. B 的需求曲线向下移动

C. B 的需求曲线向右移动　　　　　　　D. B 的需求曲线向左移动

5. 在得出某农民的某商品的供给曲线时,下列因素中除哪一种外均保持为常数?(　　)

A. 技术水平　　　　　　　　　　　　　B. 投入价格

C. 自然特点　　　　　　　　　　　　　D. 所考虑商品的价格

6. 如果某种商品供给曲线的斜率为正,在保持其余因素不变的条件下,该商品价格的上升,导致(　　)。

A. 供给增加　　　　　　　　　　　　　B. 供给量增加

C. 供给减少　　　　　　　　　　　　　D. 供给量减少

7. 市场上某产品存在超额需求是由于(　　)。

A. 产品价格超过均衡价格　　　　　　　B. 该产品是优质品

C. 该产品供不应求　　　　　　　　　　D. 该产品价格低于均衡价格

8. 若某行业中许多生产者生产一种标准化产品,我们可估计到其中任何一个生产者的产品的需求将是(　　)。

A. 毫无弹性　　　　　　　　　　　　　B. 有单元弹性

C. 缺乏弹性或者说弹性较小　　　　　　D. 富有弹性或者说弹性较大

9. 假如生产某种物品所需原料价格上升了,则这种物品的(　　)。

A. 需求曲线向左方移动　　　　　　　　B. 供给曲线向左方移动

C. 需求曲线向右方移动　　　　　　　　D. 供给曲线向右方移动

10. 若 X 和 Y 两种产品的交叉弹性是 −2.3,则(　　)。

A. X 和 Y 是替代品　　　　　　　　　　B. X 和 Y 是正常商品

C. X 和 Y 是劣质品　　　　　　　　　　D. X 和 Y 是互补品

11. 如果某商品的需求富有弹性,则该商品价格上升(　　)。

A. 会使商品销售收益增加　　　　　　　B. 该商品销售收益不变

C. 会使该商品销售收益下降　　　　　　D. 销售收益可能增加也可能下降

12. 如果人们收入水平提高,则食物支出在总支出中比重将(　　)。

A. 大大增加　　　　　　　　　　　　　B. 稍有增加

C. 下降　　　　　　　　　　　　　　　D. 不变

13. 假定某商品的价格从 3 美元降到 2 美元,需求量将从 9 单位增加到 11 单位,则该商品卖出的总收益将(　　)。

A. 保持不变　　　　　　　　　　　　　B. 增加

C. 减少　　　　　　　　　　　　　　　D. 无法确定

14. 两种商品中一种商品的价格发生变化时,这两种商品的需求量都同时增加或减少,则这两种商品需求的交叉弹性系数为(　　)。

A. 正　　　　　　　　　　　　　　　　B. 负

C. 0　　　　　　　　　　　　　　　　　D. 无法确定

15. 在某一时期内彩色电视机的需求曲线向左平移的原因可以是(　　)。

A. 彩色电视机的价格上升

B. 消费者对彩色电视机的预期价格上升

C. 消费者对彩色电视机的预期价格下降

D. 消费者的收入水平提高

16. 旨在保护生产者利益,刺激生产的政策组合及其福利效果是(　　　)。

A. 最高限价、余额收购,消费者受损

B. 最低限价、余额收购,消费者得益

C. 最高限价、余额收购,消费者得益

D. 最低限价、余额收购,消费者受损

17. 某月内,X 商品的替代品的价格上升和互补品的价格上升,分别引起该商品的需求变动量为 50 单位和 80 单位,则在它们的共同作用下该月 X 商品需求数量(　　　)。

A. 增加 30 单位　　　　　　　　　　　B. 减少 130 单位

C. 增加 30 单位　　　　　　　　　　　D. 减少 30 单位

二、判断题

1. 经济学上对某产品的需求意味着人们希望拥有市场上的该产品。　　　　　(　　)

2. 若需求曲线为直线,则曲线上的每一点的点弹性的绝对值都是相等的。　　(　　)

3. 一般而言,供给弹性大的产品,其需求弹性较小。　　　　　　　　　　　　(　　)

4. 若某产品的需求缺乏弹性,厂商提价会使自己的收益增加。　　　　　　　(　　)

5. 需求增加和供给减少必会导致产品的均衡产量减少,但对产品价格的影响是不确定的。

(　　)

三、简答题

1. 某城市大额量运输的需求价格弹性估计为 1.6。城市管理者问,为了增加大额量运输的收入,运输价格应该增加还是应该降低?

2. 一城市乘客对公共汽车票价需求的价格弹性为 0.6,票价 1 元;该城市日乘客量为 55 万人。市政当局计划提价后,将净减少的日乘客量控制为 10 万人,新的票价应为多少?

四、计算题

1. 已知某产品的需求价格弹性值 $E_d = 0.6$,该产品原销售量为 $Q_d = 1\ 000$ 件,单位产品价格 $P = 10$ 元。若该产品价格上调 20%,计算该产品提价后销售收入变动多少元?

2. 试求需求曲线 $P = 8 - 0.5Q$ 在价格 $P = 4$,$P = 6$ 时的点弹性。

3. 某地牛奶产量为 100 吨,社会需求量为 120 吨,牛奶的需求弹性系数为 0.5,原价格为每吨 600 元。当价格上升为多少元时,才能使供给等于需求?

4. 已知需求函数 $Q_d = 14 - 3P$,供给函数 $Q_s = 2 + 6P$,求该商品的均衡价格,以及均衡时的 E_d,E_s。

5. 某商品的价格由 24 元上升到 30 元后,需求量相应减少 10%。问该商品的需求弹性是多少? 该商品价格变化对总收益有何影响?

第 3 章

消费者行为理论

◆ **学习目标**

- 了解效用的含义,以及基数效用论与序数效用论的区别。
- 掌握边际效用、无差异曲线、边际替代率的主要内容。
- 掌握不同效用理论下的消费者均衡的条件。
- 理解收入效应、替代效应及总效应的含义。

◆ **知识点**

效用;边际效用;无差异曲线;边际替代率;消费者均衡

◆ **案例导入**

傻子地主

某地闹水灾,洪水吞没了土地和房屋。一棵大树上,地主和长工聚集到一起。地主紧紧抱着一盒金子,长工提着一篮面饼。几天过去了,四处仍旧是白茫茫的一片。长工饿了就吃几口面饼,地主饿了却只有看着金子发呆。地主舍不得用金子去换面饼,长工不愿把饼白白送给地主。又几天过去,大水退去。长工爬到树下,地主却永远留在树上。

那什么是效用? 效用是怎么衡量的呢? 效用如何实现最大化呢? 学完本章之后,这些问题就可以迎刃而解了。

3.1 效用论概述

3.1.1 效用的概念

效用是指商品满足人的欲望的能力评价,或者说,效用是指消费者在消费商品时所感受到的满足程度。一种商品对消费者是否具有效用,取决于消费者是否有消费这种商品的欲望,以及这种商品是否具有满足消费者欲望的能力。效用这一概念与人的欲望是联系在一起的,它是消费者对商品满足自己欲望的能力的一种主观心理评价。

3.1.2　基数效用和序数效用

根据对"满足程度"即效用大小的度量问题,西方经济学家先后提出了基数效用和序数效用的概念,并在此基础上,形成了分析消费者行为的两种方法:基数效用论者的边际效用分析方法和序数效用论者的无差异曲线的分析方法。

在19世纪和20世纪初,基数效用的概念被西方经济学家所普遍使用。基数术语来自数学。基数是指1,2,3,…,基数是可以加总求和的。基数效用论者认为,效用如同长度、质量等概念一样,可以具体衡量并加总求和,具体的效用量之间的比较是有意义的。表示效用大小的计量单位被称作效用单位。例如,对某一个人来说,听一场高水平的音乐会和吃一顿丰盛的晚餐的效用分别为5效用单位和10效用单位,则可以说这两种消费的效用之和为15效用单位,且后者的效用是前者的效用的2倍。

到了20世纪30年代,序数效用的概念为大多数西方经济学家所使用。序数术语同样来自数学。序数是指第一、第二、第三……序数只表示顺序或等级,是不能加总求和的。序数效用论者认为,效用是一个有点类似于香、臭、美、丑那样的概念,其大、小是无法具体衡量的,效用之间的比较只能通过顺序或等级来表示。例如,序数第一、第二和第三,它所要表明的仅仅是第二大于第一、第三大于第二,至于第一、第二和第三本身各自的数量具体是多少,是没有意义的。仍就上面的例子来说,消费者要回答的是偏好哪一种消费,即哪一种消费的效用是第一,哪一种消费的效用是第二;或者说,要回答的是宁愿吃一顿丰盛的晚餐,还是宁愿听一场高水平的音乐会。

进一步地,序数效用论者还认为,就分析消费者行为来说,基数效用的特征是多余的,以序数来度量效用的假定比以基数来度量效用的假定所受到的限制要少,它可以减少一些被认为是值得怀疑的心理假设。在现代微观经济学里,通常使用的是序数效用的概念。本章的重点是介绍序数效用论者如何运用无差异曲线的分析方法来研究消费者行为。至于基数效用论者的边际效用分析方法,仅在本节的余下部分做简单的介绍。

3.2　基数效用论与消费者均衡

3.2.1　总效用与边际效用

基数效用论者提出的两个假设前提:①假定效用可以用基数衡量的;②假定边际效用是递减的。边际效用递减规律贯穿基数效用理论,是基数效用论者分析消费者行为并进一步推导消费者需求曲线的基础。

基数效用论者将效用区分为总效用(Total Utility)和边际效用(Marginal Utility),它们的英文简写分别为 TU 和 MU。总效用是指消费者在一定时间内从一定数量的商品的消费中所得到的效用量的总和。边际效用是指消费者在一定时间内增加一单位商品的消费所得到的效用量的增量。假定消费者对一种商品的消费数量为 Q,则总效用函数为:

$$TU = f(Q) \tag{3-1}$$

相应的边际效用函数为:

$$MU = \frac{\Delta TU}{\Delta Q} \tag{3-2}$$

当商品的增加量趋于无穷小,即 $\Delta Q \to 0$ 时,有:

$$MU = \frac{\Delta TU}{\Delta Q} = \lim_{\Delta Q \to 0} \frac{\Delta TU}{\Delta Q} = \frac{dTU}{dQ} \tag{3-3}$$

这里要指出的是,在西方经济学中,边际分析方法是最基本的分析方法之一,"边际"概念则是很重要的一个基本概念。边际效用是本书出现的第一个边际概念。在此,我们有必要强调一下,边际量的一般含义是表示一单位的自变量的变化量所引起的因变量的变化量。抽象的边际量的定义公式为:

$$边际量 = \frac{因变量的变化量}{自变量的变化量} \tag{3-4}$$

当然,我们也可以利用表 3-1,换一个角度来进一步说明边际效用递减规律和理解总效用和边际效用之间的关系。由表 3-1 可见,当商品的消费量由 0 增加为 1 时,总效用由 0 增加为 10 效用单位,总效用的增量即边际效用为 10 效用单位(因为 10 − 0 = 10)。当商品的消费量由 1 增加为 2 时,总效用由 10 效用单位上升为 18 效用单位,总效用的增量即边际效用下降为 8 效用单位(因为 18 − 10 = 8)。以此类推,当商品的消费量增加为 6 时,总效用达最大值为 30 效用单位,而边际效用已递减为 0(因为 30 − 30 = 0)。此时,消费者对该商品的消费已达到饱和点。当商品的消费量再增加为 7 时,边际效用会进一步递减为负值即−2 效用单位(因为 28 − 30 = − 2),总效用便下降为 28 效用单位了。

表 3-1　某商品的效用表

商品数量(1)	总效用(2)	边际效用(3)	价格(4)
0	0		
1	10	10	5
2	18	8	4
3	24	6	3
4	28	4	2
5	30	2	1
6	30	0	0
7	28	−2	

注:货币的边际效用 $\lambda = 2$。

根据表 3-1 所绘制的总效用和边际效用曲线如图 3-1 所示。

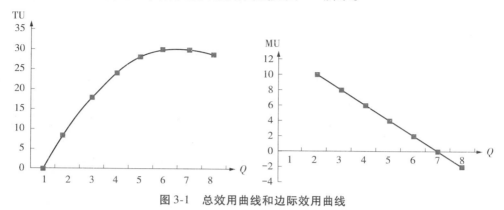

图 3-1 总效用曲线和边际效用曲线

图 3-1 中的横轴表示商品的数量,纵轴表示效用量,TU 曲线和 MU 曲线分别为总效用曲线和边际效用曲线。由于边际效用被定义为消费品的一单位变化量所带来的总效用的变化量,又由于图中的商品消费量是离散的,因此,MU 曲线上的每一个值都记在相应的两个消费数量的中点上。由此可知,每一消费量上的边际效用值就是总效用曲线上相应的点的斜率。

为什么在消费过程中会呈现出边际效用递减规律呢?据基数效用论者解释,边际效用递减规律成立的原因,可以是随着相同消费品的连续增加,从人的生理和心理的角度讲,从每一单位消费品中所感受到的满足程度和对重复刺激的反应程度是递减的。其原因还可以是当一种商品具有几种用途时,消费者总是将第一单位的消费品用在最重要的用途上,第二单位的消费品用在次重要的用途上,如此递减。这样,消费品的边际效用便随着消费品的用途重要性的下降而递减。

边际效用递减规律的内容:在一定时间内,在其他商品的消费数量保持不变的条件下,随着消费者对某种商品消费量的增加,消费者从该商品连续增加的每一消费单位中所得到的效用增量即边际效用是递减的。

3.2.2 关于货币的边际效用

基数效用论者认为,货币如同商品一样,也具有效用。消费者用货币购买商品,就是用货币的效用去交换商品的效用。商品的边际效用递减规律对于货币也同样适用。对于一个消费者来说,随着货币收入量的不断增加,货币的边际效用是递减的。这就是说,随着某消费者货币收入的逐步增加,每增加一元钱给该消费者所带来的边际效用是越来越小的。

但是,在分析消费者行为时,基数效用论者又通常假定货币的边际效用是不变的。据基数效用论者的解释,在一般情况下,消费者的收入是给定的,而且,单位商品的价格只占消费者总货币收入量中的很小部分,所以,当消费者对某种商品的购买量发生很小的变化时,所支出的货币的边际效用的变化是非常小的。对于这种微小的货币的边际效用的变化,可以略去不计。这样,货币的边际效用便是一个不变的常数。

3.2.3 消费者均衡

消费者均衡是研究单个消费者如何把有限的货币收入分配在各种商品的购买中以获得最大的效用。这里的均衡是指消费者实现最大效用时既不想再增加,也不想再减少任何商品购买数量的一种相对静止的状态。

在基数效用论者那里,消费者实现效用最大化的均衡条件是:如果消费者的货币收入水平是固定的,市场上各种商品的价格是已知的,那么,消费者应该使自己所购买的各种商品的边际效用与价格之比相等。或者说,消费者应使自己花费在各种商品购买上的最后一元钱所带来的边际效用相等。

假定消费者用既定的收入 I 购买 n 种商品。$P_1, P_2, \cdots, P_n$ 分别为 n 种商品的既定价格,λ 为不变的货币的边际效用,$X_1, X_2, \cdots, X_n$ 分别表示 n 种商品的数量,$\mathrm{MU}_1, \mathrm{MU}_2, \cdots, \mathrm{MU}_n$ 分别表示 n 种商品的边际效用,则上述的消费者效用最大化的均衡条件可以用公式表示为:

$$P_1 X_1 + P_2 X_2 + \cdots + P_n X_n = I \tag{3-5}$$

$$\frac{\mathrm{MU}_1}{P_1} = \frac{\mathrm{MU}_2}{P_2} = \cdots = \frac{\mathrm{MU}_n}{P_r} = \lambda \tag{3-6}$$

式中,式(3-5)是限制条件;式(3-6)是在限制条件下消费者实现效用最大化的均衡条件。式(3-6)表示消费者应选择最优的商品组合,使自己花费在各种商品上的最后一元钱所带来的边际效用相等,且等于货币的边际效用。

3.2.4 需求曲线的推导

目前,基数效用论者以边际效用递减规律和建立在该规律上的消费者效用最大化的均衡条件为基础推导消费者的需求曲线。

商品的需求价格是指消费者在一定时期内对一定量的某种商品所愿意支付的最高价格。基数效用论者认为,商品的需求价格取决于商品的边际效用。具体地说,如果某一单位的某种商品的边际效用越大,则消费者为购买这一单位的该种商品所愿意支付的最高价格就越高;反之,如果某一单位的某种商品的边际效用越小,则消费者为购买这一单位的该种商品所愿意支付的最高价格就越低。由于边际效用递减规律的作用,随着消费者对某一种商品消费量的连续增加,该商品的边际效用是递减的,相应地,消费者为购买这种商品所愿意支付的最高价格即需求价格也越来越低,这意味着建立在边际效用递减规律上的需求曲线是向右下方倾斜的。

进一步地联系消费者效用最大化的均衡条件进行分析。考虑消费者购买一种商品的情况,那么,上述的消费者均衡条件可以写为:

$$\frac{\mathrm{MU}}{P} = \lambda \tag{3-7}$$

它表示消费者对任何一种商品的最优购买量应该是使最后一元钱购买该商品所带来的边际效用和所付出的这一元钱的货币的边际效用相等。该式还意味着:由于对于任何一种商品来说,随着需求量的不断增加,边际效用 MU 是递减的,于是,为了保证式(3-7)均衡条件的实现,在货币的边际效用不变的前提下,商品的需求价格 P 必然同比例于 MU 的递减而递减。用前面的表 3-1 来说明,假定表中的 $\lambda = 2$。为了实现式(3.7)的均衡条件,当商品的消费量为 1 时,边际效用为 10,则消费者为购买第 1 单位的商品所愿意支付的最高价格为 5(即 $10 \div 2 = 5$)。当商品的消费量增加为 2 时,边际效用递减为 8,则消费者为购买第 2 单位的商品所愿意支付的最高价格也同比例降为 4(即 $8 \div 2 = 4$)……直至商品的消费量增加为 5 时,边际效用进一步递减为 2,消费者为购买第 5 单位的商品所愿意支付的最高价格降为 1(即 $2/2 = 1$)。显然,商品的需求价格同比例于 MU 的递减而递减。

根据表 3-1 所绘制的图 3-2,便是相应的单个消费者对该种商品的需求曲线。图中的横轴表示商品的数量,纵轴表示商品的价格,需求曲线 $Q_d = f(P)$ 是向右下方倾斜的。它表示商品的需求量随商品的价格的上升而减少,随着商品的价格的下降而增加,即商品的需求量与商品的价格呈反方向的变动。

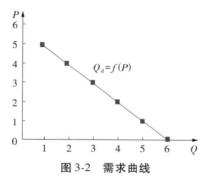

图 3-2　需求曲线

基数效用论者在对消费者行为的分析中,运用边际效用递减规律的假定和消费者效用最大化的均衡条件,推导出了单个消费者的需求曲线。同时,解释了需求曲线向右下方倾斜的原因,而且说明了需求曲线上的每一点都是满足消费者效用最大化均衡条件的商品的价格—需求量组合点。

3.2.5　消费者剩余

假设在拍卖会上,有一张崭新的泰勒·斯威夫特首张专辑进行拍卖,你和三个"霉霉"迷(A,B,C)出现在拍卖会上。你们每一个人都想拥有这张专辑,但每个人为此付出的价格都有限,你愿意用 1 000 元,A 愿意用 750 元,B 愿意用 700 元,C 愿意用 500 元。

卖者为了卖出这张专辑,从 100 元开始叫价。由于你们四个买者愿意支付的价格要比 100 元多得多,价格很快上升。当卖者报出 800 元时,你得到了这张专辑。要注意的是,这张专辑将归对该专辑出价最高的买者。你用 800 元买到这张专辑,得到什么收益呢?你本来愿意为这张专辑出 1 000 元,但实际只付出 800 元。这 200 元的差额就是你的消费者剩余。而其余的三个人在参与拍卖中没有得到消费者剩余,因为他们没有得到专辑,也没有花一分钱。所以,如果市场价格低于你愿意支付的价格,你就会购买,觉得很值,这时就有了消费者剩余;如果市场价格高于你愿意支付的价格,你就会放弃购买,觉得不值,这时你的消费者剩余是负数,你就不会购买了。因此,我们也可以简单地把消费者剩余定义为:消费者剩余是消费者在购买一定数量的某种商品时愿意支付的最高总价格和实际支付的总价格之间的差额。由此我们可以得出:

消费者剩余=消费者愿意付出的价格-消费者实际付出的价格

消费者剩余可以用几何图形来表示。简单地说,消费者剩余可以用消费者需求曲线以下、市场价格线之上的面积来表示,如图 3-3 中的 ABP_0 部分阴影面积所示。

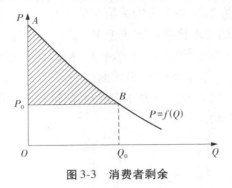

图 3-3 消费者剩余

消费者剩余也可以用数学公式来表示。令反需求函数为 $P_d = f(Q)$,价格为 P_0 时的消费者的需求量为 Q_0,则消费者剩余为:

$$CS = \int_0^{Q_0} f(Q)\,dQ - P_0 Q_0 \tag{3-8}$$

式中,CS 为消费者剩余的英文简写,式子右边的第一项即积分项表示消费者愿意支付的最高总金额,第二项表示消费者实际支付的总金额。

最后需要指出,消费者剩余是消费者的主观心理评价,它反映消费者通过购买和消费商品所感受到的状态的改善。因此,消费者剩余通常被用来度量和分析社会福利问题。

3.3 无差异曲线

3.3.1 关于偏好的假定

序数效用论者认为,商品给消费者带来的效用大小应用顺序或等级来表示。为此,序数效用论者提出了消费者偏好的概念。所谓偏好,就是爱好或喜欢的意思。序数效用论者认为,对各种不同的商品组合,消费者的偏好程度是有差别的,正是这种偏好程度的差别,反映了消费者对这些不同的商品组合的效用水平的评价。序数效用论者提出了关于消费者偏好的三个基本假定。

第一个假定是偏好的完全性。偏好的完全性指消费者总是可以比较和排列所给出的不同商品组合。换言之,对于任何给定的两个商品组合 A 和 B,消费者总是明确地说出自己的偏好程度：$A > B, A < B$ 或 $A = B$，而且也仅仅只能做出这三种判断中的一种。偏好的完全性的假定保证消费者对偏好的表达方式是完备的,消费者总是可以把自己的偏好评价准确地表达出来。

第二个假定是偏好的可传递性。可传递性指对于任何三个商品组合 A, B 和 C,如果消费者认为 $A > B, B > C$,那么,在 A, C 这两个组合中,必定有 $A > C$。偏好的可传递性假定保证了消费者偏好的一致性,因而也是理性的。

第三个假定是偏好的非饱和性。该假定指如果两个商品组合的区别仅在于其中一种商品的数量不相同,那么,消费者总是偏好于含有这种商品数量较多的那个商品组合。或者说,对任何一种商品,消费者总是认为数量多比数量少好。例如,对于组合 5 个苹果和 4 个梨的偏好永远强于 3 个苹果和 4 个梨的偏好。

此外,这个假定还意味着,消费者认为值得拥有的商品都是"好的东西",而不是"坏的东西"。在这里,"坏的东西"指诸如空气污染、噪声等只能给消费者带来负效用的东西。

3.3.2 无差异曲线及其特点

无差异曲线是用来表示消费者偏好相同的两种商品的所有组合的。或者说,它是表示能够给消费者带来相同的效用水平或满足程度的两种商品的所有组合的。

表3-2 是某消费者关于商品 1 和商品 2 的无差异表,表中列出了关于这两种商品各种不同的组合。该表由三个子表,即表 a、表 b 和表 c 组成。每一个子表中都包含四个商品组合,且假定每一个子表中四个商品组合的效用水平是相等的。

表 3-2　某消费者的无差异表

商品组合	表 a		表 b		表 c	
	X	Y	X	Y	X	Y
A	20	130	30	120	50	120
B	30	60	40	80	55	90
C	40	45	50	63	60	83
D	50	35	60	50	70	70

但需要注意的是,表 a、表 b 和表 c 三者各自所代表的效用水平的大小是不一样的。只要对表中的商品组合进行仔细观察和分析,就可以发现,根据偏好的非饱和性假设,或者说,根据商品数量"多比少好"的原则,可以得出结论:表 a 所代表的效用水平低于表 b,表 b 所代表的效用水平又低于表 c。

根据表 3-2 绘制的无差异曲线如图 3-4 所示。图中的横轴和纵轴分别表示商品 1 的数量 X 和商品 2 的数量 Y,曲线 I_1, I_2, I_3,顺次代表与表 a、表 b 和表 c 相对应的三条无差异曲线。这三条无差异曲线是这样得到的:以无差异曲线 I_1 为例,先根据表 a 描绘出相应的四个商品组合点 A, B, C, D,然后用曲线把这四个点连接起来(在商品数量可以无限细分的假定下),便形成了光滑的无差异曲线 I_1。用相同的方法,可以根据表 b 和表 c 分别绘制出无差

异曲线 I_2 和 I_3。

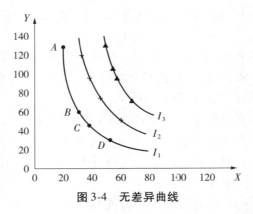

图 3-4　无差异曲线

在此,我们再进一步引入效用函数的概念。效用函数表示某一商品组合给消费者所带来的效用水平。假定消费者只消费两种商品,则效用函数为:

$$U = f(X_1, X_2) \tag{3-9}$$

式中,X_1 和 X_2 分别为两种商品的数量;U 为效用水平。在此基础上,与无差异曲线相对应的效用函数为:

$$U = f(X_1, X_2) = U^0 \tag{3-10}$$

式中, U^0 为一个常数,表示一个不变的效用水平。该效用函数有时也被称为等效用函数。

无差异曲线具有以下三个基本特征。

第一个特征,由于通常假定效用函数是连续的,因此在同一坐标平面上的任何两条无差异曲线之间可以有无数条无差异曲线。所有这些无差异曲线之间的相互关系是:离原点越远的无差异曲线代表的效用水平越高,离原点越近的无差异曲线代表的效用水平越低。

第二个特征,在同一坐标平面图上的任何两条无差异曲线不会相交。

如图 3-5 所示,根据无差异曲线的定义,由无差异曲线 I_1 可得 a,b 两点的效用水平是相等的,由无差异曲线 I_2 可得 a,c 两点的效用水平是相等的。于是,根据偏好可传递性的假定,必定有 b 和 c 这两点的效用水平是相等的。但是,观察和比较图中 b 和 c 这两点的商品组合可以发现,c 组合中的每一种商品的数量都多于 b 组合,于是,根据偏好的非饱和性假定,必定有 c 点的效用水平大于 b 点的效用水平。这样一来,矛盾产生了:该消费者在认为 b 点和 c 点无差异的同时,又认为 c 点要优于 b 点,这就违背了偏好的完全性假定。由此证明:对于任何一个消费者来说,两条无差异曲线是不能相交的。

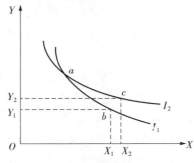

图 3-5　违反偏好假定的无差异曲线

第三个特征,无差异曲线是凸向原点的。这就是说,无差异曲线不仅向右下方倾斜,即无差异曲线的斜率为负值,而且,无差异曲线是凸向原点,形状向右下方倾斜的,即无差异曲线的斜率的绝对值是递减的。为什么无差异曲线具有凸向原点的特征呢?这取决于商品的边际替代率递减规律。

3.3.3 商品的边际替代率

1)商品的边际替代率

假定在维持效用水平不变的前提下,消费者增加一单位某种商品的消费数量时所需要放弃的另一种商品的消费数量,被称为商品的边际替代率。商品 1 对商品 2 的边际替代率的定义公式为:

$$\text{MRS}_{12} = -\frac{\Delta X_2}{\Delta X_1} \tag{3-11}$$

式中,ΔX 代表商品的变化量。由于 ΔX_1 是增加量,ΔX_2 是减少量,两者的符号肯定是相反的,因此,为了使 MRS_{12} 的计算结果是正值,以便于比较,就在公式中加了一个负号。

当商品数量的变化趋于无穷小时,则商品的边际替代率公式为:

$$\text{MRS}_{12} = \lim_{\Delta X_1 \to 0} -\frac{\Delta X_2}{\Delta X_1} = -\frac{dX_2}{dX_1} \tag{3-12}$$

显然,无差异曲线上某一点的边际替代率就是无差异曲线在该点的斜率的绝对值。

2)商品的边际替代率递减规律

西方经济学家指出,在两商品的替代过程中,普遍存在这么一种现象,这种现象被称为商品的边际替代率递减规律。具体地说,商品的边际替代率递减规律是指:在维持效用水平不变的前提下,随着一种商品的消费数量的连续增加,消费者为得到每一单位的这种商品所需要放弃的另一种商品的消费数量是递减的。

3.3.4 无差异曲线的特殊形状

1)完全替代品

完全替代品指两种商品之间的替代比例是固定不变的情况。因此,两商品之间的边际替代率 MRS_{12} 就是一个固定的常数,相应的无差异曲线是一条斜率不变的直线。例如,在某消费者看来,一杯牛奶和一杯咖啡两者总是可以以 1:1 的比例相互替代,相应的无差异曲线如图 3-6 所示。

假定某消费者只消费两种商品,而且这两种商品之间是完全替代的关系,则相应的效用函数的通常形式为:

$$U(X_1, X_2) = aX_1 + bX_2 \tag{3-13}$$

式中, X_1, X_2 分别表示两种商品的数量, 常数 $a, b > 0$。该效用函数也被称为线性效用函数, 与其相对应的无差异曲线是一条直线。而且, 在任何一条无差异曲线上, 两商品的边际替代率保持不变, 即均有 $\mathrm{MRS}_{12} = \dfrac{a}{b}$。

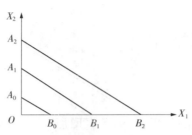

图 3-6　完全替代品的无差异曲线

2）完全互补品

完全互补品指两种商品必须按固定不变的比例同时被使用的情况。因此, 相应的无差异曲线的形状为直角。例如, 一副眼镜架必须和两片眼镜片同时配合, 才能构成一副可供使用的眼镜, 则相应的无差异曲线如图 3-7 所示。

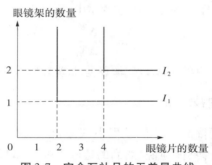

图 3-7　完全互补品的无差异曲线

图 3-7 中水平部分的无差异曲线部分表示, 对一副眼镜架而言, 只需要两片眼镜片即可, 任何超量的眼镜片都是多余的。换言之, 消费者不会放弃任何一副眼镜架去换取额外的眼镜片, 所以, $\mathrm{MRS}_{12} = 0$。图 3-7 中垂直部分的无差异曲线表示, 对两片眼镜片而言, 只需要一副眼镜架即可, 任何超量的眼镜架都是多余的。换言之, 消费者会放弃所有超量的眼镜架, 只保留一副眼镜架与两片眼镜片相匹配, 所以, $\mathrm{MRS}_{12} = \infty$。

假定某消费者只消费两种商品, 而且这两种商品之间是完全互补的关系, 则相应的效用函数的通常形式为:

$$U(X_1, X_2) = \min\{aX_1 - bX_2\} \tag{3-14}$$

式中, X_1, X_2 分别表示两种商品的数量, 常数 $a, b > 0$, 符号 min 表示效用水平由括号中最小的一项决定。只有在无差异曲线的直角点上, 两种互补商品刚好按固定比例被消费。所以, 在任何一条关于完全互补品的无差异曲线的直角点上, 都有 $U = aX_1 = bX_2$, 且直角点上两商品的边际替代率为常数, 即均有 $\mathrm{MRS}_{12} = \dfrac{a}{b}$。

3.4 预算线

3.4.1 预算线的含义

预算线又称为预算约束线、消费可能线和价格线。预算线表示在消费者的收入和商品的价格给定的条件下,消费者的全部收入所能购买到的两种商品的各种组合。假定某消费者的一笔收入为 120 元,全部用来购买商品 1 和商品 2,其中,商品 1 的价格 $P_1 = 4$ 元,商品 2 的价格 $P_2 = 3$ 元。那么,全部收入都用来购买商品 1 可得 30 单位,全部收入用来购买商品 2 可得 40 单位。由此作出的预算线为图 3-8 中的线段 AB。下面,我们由以上的具体例子转向对预算线的一般分析。

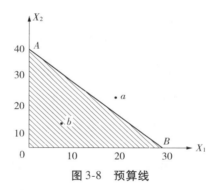

图 3-8 预算线

假定以 I 表示消费者的既定收入,以 P_1 和 P_2 分别表示商品 1 和商品 2 的价格,以 X_1 和 X_2 分别表示商品 1 和商品 2 的数量,那么,相应的预算等式为:

$$P_1 X_1 + P_2 X_2 = I \tag{3-15}$$

此外,式(3-17)可以改写成如下形式:

$$X_2 = -\frac{P_1}{P_2} X_1 + \frac{I}{P_2} \tag{3-16}$$

上式的预算线方程告诉我们,预算线的斜率为 $-\dfrac{P_1}{P_2}$,纵截距为 $\dfrac{I}{P_2}$。

除此之外,从图 3-8 中还可以看到,预算线 AB 把平面坐标图划分为三个区域:预算线 AB 以外的区域中的任何一点,如 a 点,是消费者利用全部收入都不可能实现的商品购买的组合点。预算线 AB 以内的区域中的任何一点,如 b 点,表示消费者的全部收入在购买该点的商品组合以后还有剩余。唯有预算线 AB 上的任何一点,才是消费者的全部收入刚好花完所能购买到的商品组合点。图中的阴影部分的区域(包括直角三角形的三条边),被称为消费者的预算可行集或预算空间。

3.4.2　预算线的变动

预算线的变动可以归纳为以下四种情况。

第一种情况：两商品的价格不变，消费者的收入 I 发生变化。这时，相应的预算线的位置会发生平移。其理由是，P_1 和 P_2 不变，意味着预算线的斜率保持不变。于是，I 的变化只能使预算线的横、纵截距发生变化，如图 3-9 所示。

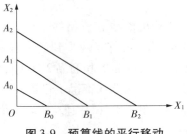

图 3-9　预算线的平行移动

第二种情况：消费者的收入 I 不变，两种商品的价格 P_1 和 P_2 同比例同方向发生变化。这时，相应的预算线的位置也会发生平移。其理由是，P_1 和 P_2 同比例同方向的变化，并不影响预算线的斜率 $-\dfrac{P_1}{P_2}$，而只能使预算线的横、纵截距发生变化，如图 3-9 所示。

第三种情况：当消费者的收入 I 不变，商品 1 的价格 P_1 发生变化而商品 2 的价格 P_2 保持不变。这时，预算线的斜线 $-\dfrac{P_1}{P_2}$ 会发生变化，预算线的横截距 $\dfrac{I}{P_1}$ 也会发生变化，但是，预算线的纵截距 $\dfrac{I}{P_2}$ 保持不变，如图 3-10 所示。同理，读者可以自己分析图 3-11 的理由。

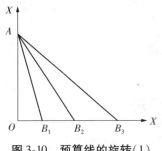

图 3-10　预算线的旋转（1）

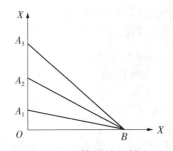

图 3-11　预算线的旋转（2）

第四种情况：消费者的收入 I 与两种商品的价格 P_1 和 P_2 都同比例同方向发生变化。这时预算线不发生变化。其理由是，此时预算线的斜率 $-\dfrac{P_1}{P_2}$，以及预算线的横截距和纵截距都不会发生变化。它表示消费者的全部收入用来购买任何商品的数量都未发生变化。

3.5 序数效用论与消费者均衡

在已知消费者的偏好和预算线约束的前提下,就可以分析消费者对最优商品组合的选择。消费者的最优购买行为必须满足两个条件:第一,最优的商品购买组合必须是能够给消费者带来最大效用的商品组合;第二,最优的商品购买组合必须位于给定的预算线上,即消费者全部收入要完全用完,不能超支也不能有所剩余。

下面,利用图3-12来具体说明消费者的最优购买行为。

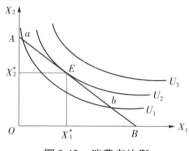

图3-12 消费者均衡

第一,消费者偏好给定的假定,意味着给定了一个由该消费者的无数条无差异曲线所构成的无差异曲线簇。为了简化分析,我们取出 U_1、U_2 和 U_3 这三条无差异曲线,如图3-12所示。

第二,消费者的收入和两商品的价格给定的假定,意味着给定了该消费者的一条预算线,这便是图3-12中唯一的一条预算线 AB。

第三,在图3-12中找出该消费者实现效用最大化的最优商品组合。经过分析我们发现,只有预算线 AB 和无差异曲线 U_2 的相切点 E,才是消费者在给定的预算约束下能够获得最大效用的均衡点。在均衡点,相应的最优购买组合为 (X_1^*, X_2^*)。

为什么唯有 E 点才是消费者效用最大化的均衡点呢?这是因为,就无差异曲线 U_3 来说,虽然它代表的效用水平高于无差异曲线 U_2,但它与既定的预算线 AB 既无交点又无切点。这说明消费者在既定的收入水平下无法实现无差异曲线 U_3 上的任何一点的商品组合的购买。就无差异曲线 U_1 来说,虽然它与既定的预算线 AB 相交于 a、b 两点,这表明消费者利用现有收入可以购买 a、b 两点的商品组合。但是,这两点的效用水平低于无差异曲线 U_2,因此,理性的消费者不会用全部收入去购买无差异曲线 U_1 上 a、b 两点的商品组合。事实上,就 a 点和 b 点来说,若消费者能改变购买组合,选择 AB 线段上位于 a 点右边或 b 点左边的任何一点的商品组合,则都可以达到比 U_1 更高的无差异曲线,以获得比 a 点和 b 点更大的效用水平。这种沿着 AB 线段由 a 点往右和由 b 点往左的运动,最后必定在 E 点达到均衡。显然,只有当既定的预算线 AB 和无差异曲线 U_2 相切于 E 点时,消费者才在既定的预算约束条件下获得最大的满足。故 E 点就是消费者实现效用最大化的均衡点。

第四,找出消费者效用最大化的均衡条件。在切点 E,无差异曲线和预算线两者的斜率是相等的。我们已经知道,无差异曲线的斜率的绝对值就是商品的边际替代率 MRS_{12},预算线的斜率的绝对值可以用两商品的价格之比 $\dfrac{P_1}{P_2}$ 来表示。

由此,在均衡点 E 有

$$\mathrm{MRS}_{12} = \frac{P_1}{P_2} \tag{3-17}$$

这就是消费者效用最大化的均衡条件。它表示:在一定的预算约束下,为了实现最大的效用,消费者应该选择最优的商品组合,使两商品的边际替代率等于两商品的价格之比。也可以这样理解:在消费者的均衡点上,消费者愿意用一单位的某种商品去交换的另一种商品的数量(即 MRS_{12}),应该等于该消费者能够在市场上用一单位的这种商品去交换得到的另一种商品的数量(即 $\dfrac{P_1}{P_2}$)。

3.6 替代效应和收入效应

一种商品价格的变化会引起该商品的需求量的变化,这种变化可以被分解为替代效应和收入效应两个部分。本节将分别讨论正常物品和低档物品的替代效应和收入效应,并以此进一步说明这两类物品的需求曲线的形状特征。

3.6.1 替代效应和收入效应的含义

一种商品价格的变化会引起该商品的需求量的变化,这种变化可以被分解为替代效应和收入效应两个部分。

1)收入效应

"好消息! 现在可口可乐便宜了,我们收入的购买力增加了。实际上我们的收入相对增加了,我们比以前更富了。我们可以买更多的可口可乐和其他商品。"——收入效应。

由一种商品的价格变动所引起的实际收入水平变动,进而由实际收入水平变动所引起的商品需求量的变动,称为收入效应。收入效应表示消费者的效用水平发生变化。

2)替代效应

"可口可乐的价格下降了,我放弃雪碧可以得到更多的可口可乐。"——替代效应。

由商品的价格变动所引起的商品相对价格的变动,进而由商品的相对价格变动所引起的商品需求量的变动,称为替代效应。替代效应不改变消费者的效用水平。

3.6.2 正常物品的替代效应和收入效应

1)补偿预算线

补偿预算线是用来表示以假设的货币收入的增减来维持消费者的实际收入水平(原有

的无差异曲线的效用水平)不变的一种分析工具。具体地说,在商品价格下降引起消费者的实际收入水平提高时,则补偿预算线在此就可以用来表示使消费者的货币收入下降到只能维持原有的无差异曲线的效用水平(即原有的实际收入水平)这一情况。相反,在商品价格上升引起消费者的实际收入水平下降时,则补偿预算线在此就可以用来表示使消费者的货币收入提高到得以维持原有的无差异曲线的效用水平(即原有的实际收入水平)这一情况。

2)正常物品的总效应

图 3-13 中 AB 为商品价格变化前的消费者的预算线, U_1 为价格变化之前的效用水平线,该预算线与无差异曲线 U_1 相切于 a 点, a 点是消费者效用最大化的一个均衡点。 AB' 为商品 1 价格下降形成的新的预算线, AB' 与另一条代表更高效用水平的无差异曲线 U_2 相切于 b 点, b 点是商品 1 的价格下降以后的消费者的效用最大化的均衡点。比较 a,b 两个均衡点,商品 1 的需求量的增加量为 $X_1'X_1''$,这便是商品 1 的价格 P_1 下降所引起的总效应。

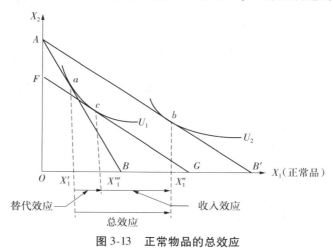

图 3-13 正常物品的总效应

3)替代效应

在图中,由于商品 1 的价格 P_1 下降,消费者的效用水平提高了,消费者新的均衡点 b 不是在原来的无差异曲线 U_1 上而是在更高的无差异曲线 U_2 上。为了得到替代效应,必须剔除实际收入水平变化的影响,使消费者回到原来的无差异曲线 U_1 上去。要做到这一点,需要利用补偿预算线这一分析工具。

其具体的做法是:作一条平行于预算线 AB' ,且与无差异曲线 U_1 相切的补偿预算线 FG 。补偿预算线 FG 与预算线 AB' 平行,则以这两条预算线的相同斜率,表示商品 1 价格和商品 2 价格的一个相同的比值 $\dfrac{P_1}{P_2}$,而且,这个商品的相对价格 $\dfrac{P_1}{P_2}$ 是商品 1 的价格 P_1 变化以后的相对价格。补偿预算线 FG 与无差异曲线 U_1 相切于均衡点 c ,与原来的均衡点 a 相比,需求量的增加量为 $X_1'X_1'''$,这个增加量就是在剔除了实际收入水平变化影响以后的替代效应。

进一步地,就预算线 AB 和补偿预算线 FG 而言,它们分别与无差异曲线 U_1 相切于 a,c 两点,但斜率却是不相等的。预算线 AB 的斜率绝对值大于补偿预算线 FG ,由此可以推知,

预算线 AB 所表示的商品的相对价格 $\dfrac{P_1}{P_2}$ 大于补偿预算线 FG 所表示的商品的相对价格,显然,这是由于 P_1 下降而 P_2 不变引起的。在这种情况下,当预算线由 AB 移至 FG 时,随着商品的相对价格 $\dfrac{P_1}{P_2}$ 的变小,消费者为了维持原有的效用水平,其消费必然会沿着既定的无差异曲线 U,由 a 点下滑到 c 点,增加对商品 1 的购买而减少对商品 2 的购买,即用商品 1 去替代商品 2。于是,由 a 点到 c 点的商品 1 的需求量的增加量 $X_1'X_1'''$,便是 P_1 下降的替代效应。它显然归因于商品相对价格的变化,它不改变消费者的效用水平。在这里,P_1 下降所引起的需求量的增加量 $X_1'X_1'''$,是一个正值,即替代效应的符号为正。也就是说,正常物品的替代效应与价格呈反方向的变动。

4)收入效应

收入效应是总效应的另一个组成部分。当预算线由 FG 的位置再恢复到 AB' 的位置时,相应的需求量的增加量 $X_1''X_1'''$ 必然就是收入效应。收入效应显然归因于商品 1 的价格变化所引起的实际收入水平的变化,它改变消费者的效用水平。

在这里,收入效应 $X_1''X_1'''$ 是一个正值。这是因为,当 P_1 下降使消费者的实际收入水平提高时,消费者必定会增加对正常物品商品 1 的购买。也就是说,正常物品的收入效应与价格呈反方向的变动。

综上所述,对于正常物品来说,替代效应与价格呈反方向的变动,收入效应也与价格呈反方向的变动,在它们的共同作用下,总效应必定与价格呈反方向的变动。正因为如此,正常物品的需求曲线是向右下方倾斜的。

3.6.3　低档物品的替代效应与收入效应

商品可以分为正常物品和低档物品两大类。正常物品和低档物品的区别在于:正常物品的需求量与消费者的收入水平呈同方向的变动。低档物品的需求量与消费者的收入水平呈反方向的变动。

相应地,可以推知:正常物品的收入效应与价格呈反方向的变动。这就是上面的结论,也是在图 3-13 中,c 点必定落在 a、b 两点之间的原因。而对于低档物品来说,当某低档物品的价格下降(或上升)导致消费者的实际收入水平提高(或下降)时,消费者会减少(或增加)对该低档物品的需求量。也就是说,低档物品的收入效应与价格呈同方向变动。具体如图 3-14 中 c 点的位置。

由于正常物品和低档物品的区别不对它们各自的替代效应产生影响,因此,对所有的商品来说,替代效应与价格都是呈反方向变动的。

对于低档物品来说,替代效应与价格呈反方向的变动,收入效应与价格呈同方向的变动,而且,在大多数的场合,收入效应的作用小于替代效应的作用,所以,总效应与价格呈反方向的变动,相应的需求曲线是向右下方倾斜的。但是,在少数的场合,某些低档物品的收入效应的作用会大于替代效应的作用,于是就会出现违反需求曲线向右下方倾斜的现象。这类物品就是吉芬物品。

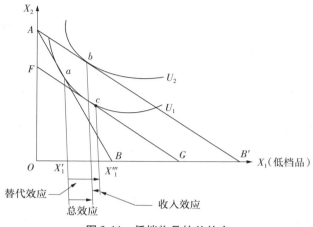

图 3-14　低档物品的总效应

3.6.4　吉芬物品的替代效应和收入效应

英国人吉芬于 19 世纪发现,1845 年爱尔兰发生灾荒,土豆价格上升,但是土豆需求量却反而增加了。这一现象在当时被称为"吉芬难题"。这类需求量与价格呈同方向变动的特殊商品以后也因此被称为吉芬物品。

很清楚,吉芬物品是一种特殊的低档物品。作为低档物品,吉芬物品的替代效应与价格呈反方向的变动,收入效应则与价格呈同方向的变动。吉芬物品的特殊性就在于:它的收入效应的作用很大,以至于超过了替代效应的作用,从而使总效应与价格呈同方向的变动。这也就是吉芬物品的需求曲线呈现出向右上方倾斜的特殊形状的原因。

运用以上分析的结论就可以解释"吉芬难题"了。在 19 世纪中叶的爱尔兰,购买土豆的消费支出在大多数的贫困家庭的收入中占一个较大的比例,于是,土豆价格的上升导致贫困家庭实际收入水平大幅度下降。在这种情况下,变得更穷的人们不得不大量地增加对劣等物品土豆的购买,这样形成的收入效应是很大的,它超过了替代效应,造成了土豆的需求量随着土豆价格的上升而增加的特殊现象。

现将本节分析正常物品、低档物品和吉芬物品的替代效应和收入效应所得到的结论综合表示于表 3-3。

表 3-3　商品价格变化所引起的替代效应和收入效应

商品类别	替代效应与价格的关系	收入效应与价格的关系	总效应与价格的关系	需求曲线的形状
正常物品	反方向变化	反方向变化	反方向变化	向右下方倾斜
低档物品	反方向变化	同方向变化	反方向变化	向右下方倾斜
吉芬物品	反方向变化	同方向变化	同方向变化	向右上方倾斜

◆本章小结

1. 效用、边际效用既依赖于消费对象的客观物质属性又依存于消费主体的主观心理感受,甚至主要依存于后者。

2. 边际效用递减规律描述的是连续消费同一种商品所产生的经济现象。

3. 消费者均衡是在收入、商品价格和消费者偏好既定的条件下,通过消费而获得的最大效用状态。它在几何图形上体现为预算线与无差异曲线的切点。

4. 消费者均衡是会变动的。价格的变动会同时引起替代效用和收入效应,这两种效应的综合、交织作用会导致消费者均衡的变动。

5. 在替代效应和收入效应的基础上,可以区分正常品、低档品和吉芬商品。

◆案　例

垃圾中的边际效用

美国是世界上经济最为强大的国家,人均消费商品数量居世界第一,人均垃圾量也没有一个国家能与之相比。美国的垃圾不但包括各种废物,也包括各种用旧了的家具。美国是一个提倡消费的国家,它的生产力巨大,产品积压常常成为主要经济问题。如果每一个人将自己生产出来的产品全部消费掉,经济则正常运转。但如果生产旺盛,消费不足或者居民由于富裕而增加储蓄,产品就会积压。所以对于美国来说,医治经济萧条的主要措施是鼓励消费。

在美国旧东西有几条出路:举办后院拍卖、捐赠给教堂、捐赠给旧货商店、当垃圾扔掉。旧东西在美国很不值钱,你可以在后院拍卖中花1美元买到一个电熨斗,在教堂拍卖中花10美元买到一套百科全书(20本)和5美元一套的西服。相反,旧东西在中国就值钱多了。在大城市,经常看到有人在收购各种旧的生活用品,然后运到贫穷、偏僻的农村地区以几倍的价格卖出。

表面上看,这是一个矛盾的现象:相对穷的中国人,却愿意花几倍于相对富的美国人愿意出的价钱去买这些旧东西。为什么呢?

这个现象可以用经济学的效用理论来解释,即商品价格的高低与商品所提供的边际效用成正比。富人用一块钱要比穷人用一块钱轻率,或者说,富人的钱的边际效用低。人们越富裕,就越有钱来购买奢侈品。举例来说,在美国最便宜的剃须刀是10美分一把,最豪华的剃须刀大概要100美元一把,二者相差达千倍。豪华剃须刀虽然更美观、更安全、更经用,但它的基本功能也只限于刮胡子,所提供的附加效用非常有限。同理,廉价手表和豪华手表的价钱也可相差千倍。过去我国比较穷,奢侈品没有市场,现在人们钱多起来了,情况正在变化。由于中美两国富裕程度的差别而形成的效用评价的差别,提供了巨大的贸易机会,即中国用极低的价格进口某些旧用品,其代价主要是收集、分类以及运输成本。

(资料来源:新浪博客)

◆复习思考题

一、单选题

1. 消费者均衡的条件是(　　　)。

A. $\frac{MU_X}{P_X} < \frac{MU_Y}{P_Y}$　　　B. $\frac{MU_X}{P_X} > \frac{MU_Y}{P_Y}$　　　C. $\frac{MU_X}{P_X} = \frac{MU_Y}{P_Y}$　　　D. 以上都不对

2. 已知商品 X 的价格为 2 元,商品 Y 的价格为 1 元。如果消费者在获得最大满足时,商品 Y 的边际效用是 30 元,那么商品 X 的边际效用是(   )。

A. 20　　　　　　B. 30　　　　　　C. 45　　　　　　D. 60

3. 根据序数效用理论,消费者均衡是(   )。

A. 无差异曲线与预算约束线的相切之点

B. 无差异曲线与预算约束线的相交之点

C. 离原点最远的无差异曲线上的任何一点

D. 离原点最近的预算约束线上的任何一点

4. 无差异曲线的形状取决于(   )。

A. 消费者偏好　　　　　　　　　　B. 消费者收入

C. 所购商品的价格　　　　　　　　D. 商品效用水平的大小

5. 无差异曲线为斜率不变的直线时,表示相结合的两种商品是(   )。

A. 可以替代的　　　B. 完全替代的　　　C. 互补的　　　D. 互不相关的

6. 同一条无差异曲线上的不同点表示(   )。

A. 效用水平不同,但所消费的两种商品组合比例相同

B. 效用水平相同,但所消费的两种商品组合比例不同

C. 效用水平不同,两种商品的组合比例也不相同

D. 效用水平相同,两种商品的组合比例也相同

7. 无差异曲线上任一点上商品 X 和 Y 的边际替代率是等于它们的(   )。

A. 价格之比　　　B. 数量之比　　　C. 边际效用之比　　　D. 边际成本之比

8. 预算线反映了(   )。

A. 消费者的收入约束　　　　　　　B. 消费者的偏好

C. 消费者人数　　　　　　　　　　D. 货币的购买力

9. 在消费者均衡点以上的无差异曲线的斜率(   )。

A. 大于预算线的斜率　　　　　　　B. 小于预算线的斜率

C. 等于预算线的斜率　　　　　　　D. 可能大于、小于或等于预算线斜率

10. 若无差曲线上任何一点的斜率 $\dfrac{\mathrm{d}Y}{\mathrm{d}X} = -1/2$,这意味着消费者有更多的 X 时,他愿意放弃(   )单位 X 而获得一单位 Y。

A. 0. 5　　　　　　B. 2　　　　　　C. 1　　　　　　D. 1. 5

11. 如果人们收入水平提高,则食物支出在总支出中的比重将(   )。

A. 大大增加　　　B. 稍有增加　　　C. 下降　　　D. 不变

二、计算题

已知某消费者每年用于商品 1 和商品 2 的收入为 540 元,两商品的价格分别为 $P_1 = 20$ 元和 $P_2 = 30$ 元,该消费者的效用函数为 $U = 3X_1X_2^2$,该消费者每年购买这两种商品的数量各应是多少? 每年从中获得总效用是多少?

第4章

厂商行为理论

◆学习目标

- 了解生产过程中长期与短期的划分标准;掌握短期生产的基本规律(边际报酬递减规律);熟悉划分短期生产三个阶段的标准,并了解短期生产中厂商生产的合理区间是第Ⅱ阶段。
- 掌握长期生产理论中的分析工具是等产量曲线和等成本曲线,掌握在长期生产中厂商如何进行最优的生产要素组合。
- 了解规模报酬属于长期生产的概念。
- 掌握企业生产成本的相关概念、函数,以及各种成本与产量之间的相互关系。
- 了解长期成本曲线的推导。

◆知识点

生产函数;边际收益递减规律;边际技术替代率递减规律;等产量曲线;等成本曲线;规模报酬;机会成本;总成本;固定成本;可变成本;边际成本;平均固定成本;平均可变成本;长期总成本;长期平均成本;长期边际成本

◆案例导入

宝洁公司的生产与成本

宝洁公司是美国大型的消费品企业,为保持在竞争中不断发展,其在降低成本、提高销售产量等方面付出了巨大努力。

长期以来,宝洁公司把一部分产品出售给美国最大的零售商——沃尔玛公司,利用沃尔玛公司在世界范围内的5 100多家超市出售宝洁的产品。尽管这种销售方式要面临沃尔玛不断的压低价格,宝洁公司每年仍然能通过沃尔玛销售价值80亿美元的消费品。通过合作,宝洁可以进入沃尔玛的计算机系统追踪其所有产品,以促进存货管理和成本降低,沃尔玛也可以帮助宝洁快速推广其产品;同时,宝洁也把自己的客户数据与沃尔玛进行分享,以期得到更有效的销售规划。

　　为了保持良好的合作关系,宝洁尽量满足沃尔玛对销售产品方面的要求。例如,为解决沃尔玛超市产品容易失窃的问题,宝洁派出300名员工专门负责监督公司分部向沃尔玛的供货。这些员工的工资是由宝洁支付的,而他们的工作性质更多的是在为沃尔玛服务,并且对其产品外包装进行调整,以更好地防止盗窃问题。

　　2005年,宝洁公司以540亿美元大举收购了吉列公司,使其销售收入增加到100亿美元。

　　此次收购,宝洁预期将每年节省140亿~160亿美元,销量将增长5%~7%,而利润也将有25%的增长。

　　在新产品研发方面,宝洁公司的玉兰油新生系列产品让消费者以较低的价格就可以得到抗衰老的效果;Whitestrip美白牙贴使大部分消费者以25美元的低价就可以轻松美白牙齿,不必再去牙科医院做昂贵的牙齿美白手术;Actonel骨质疏松药物让妇女在商店里就可以轻易进行骨质密度的测试。这些新产品一经推出,马上就受到了广大消费者的欢迎,一时间人们争相购买,产品销售量猛增。

4.1　生产理论概述

4.1.1　厂商及厂商的经营目标

　　在经济学中,生产者即企业,也称为厂商。厂商对各种生产要素进行组合,以创造出人们愿意购买的商品或劳务。作为运用生产要素生产商品和劳务的经济单位,厂商可以是生产产品的企业,也可以是提供服务的企业。因此,厂商既可以是工厂也可以是农户、商店、银行,甚至可以是医院、学校等。在西方经济学中,厂商是市场经济活动中最主要的经济单位,是能够独立做出生产决策的单个经济单位。

　　厂商在经济中的作用在于利用既定的资源来解决3个基本的经济问题:生产什么、如何生产、为谁生产。生产在经济学中是一个具有普遍意义的概念,它并不仅限于物质产品的生产,还包括金融、贸易、运输、家庭服务等各类服务性活动。一般来说,任何创造价值的活动都是生产。但是,厂商应该依据何种原则进行生产便成了生产者行为理论的首要问题。在西方经济学中,一般假定厂商都是理性人,他们生产的目的是追求最大化的利润。对生产者行为理论的研究就是围绕利润最大化展开的。

　　但通常人们对这个假定有两个误区。第一,厂商追求的并不只是利润的最大化。很多学者认为厂商的目标是多元化的,包括实现厂商的价值、扩大市场份额、提高员工福利等。但是如果深入分析即可发现,上述这些目标都与利润最大化有关,它们既建立在利润的基础上,同时又服务于厂商的利润最大化目标。第二,厂商追求的一定是利润的最大化。事实上厂商追求的是一种最优经营状态。最优经营状态与利润最大化之间的差距,有可能来源于某种外在约束,这种约束可能来自资本和劳动力要素,也有可能来自企业家可利用的时间和健康水平,还有可能来自外部的商业环境和制度条件。

但是我们在分析生产者行为目标时,主要研究的是更为普遍存在的有代表性的厂商。因此假定厂商是追求利润最大化的组织,有助于经济学分析以得到一些明确的结论。利润是总收益与总成本的差额,厂商所追求的是两者之间的差额最大。厂商利润最大化目标的解决涉及一个生产要素的投入量与产出量之间的关系,即如何实现在生产要素的投入量既定时产量最大;或者反过来说,在产量既定时实现生产要素的投入量为最少。

4.1.2   生产要素

生产是指把投入转变为产出的活动。投入是指生产中所使用的一切生产要素的总和。在西方经济学中,一般认为生产要素有四种:土地、资本、劳动、企业家才能。

四种生产要素具体定义如下。

土地(Nature)在经济学中是广义的,它包括了生产中所使用的与自然界所提供的自然资源。例如,土地、海洋、森林、矿藏、苹果、水力和风能等。

资本(Capital)是指用于生产过程的一切资本品。例如,厂房、机器设备、原材料等有形物,工业产权、商品专利等无形物。

劳动(Labor)一般指被雇佣的工人的生产劳动(脑力劳动与体力劳动的总和),大多数的劳动服务,不是作为最终产品供消费者享用的,而是作为生产成本投入其他物品的生产中。

企业家才能(Entrepreneurship)包括组织上述生产要素进行生产和创新活动以及承担企业经营风险的能力。

概括来说,生产要素是指在生产经营活动中利用的各种经济资源。市场经济要求生产要素商品化,在市场上通过市场交易实现流动和配置,从而形成各种生产要素市场。生产要素是为生产商品和提供服务而进行的投入,厂商对生产要素的需求是从消费者对消费品的需求引致或派生的。它取决于消费者对利用该种生产要素生产出来的商品或劳务的需求。生产要素的需求来自厂商,厂商对生产要素需求的目的,在于以最低成本生产一定的产量,或者在一定产量下获得最大利润。

在既定生产技术下,厂商所需要的生产要素取决于该生产要素本身的价格和各种生产要素的相对价格,因为各种生产要素之间可能存在替代性。任何生产要素都要组合在一起使用,任何一种生产要素的供给变化都会改变所有要素的收入。一般来说,产品的生产方式会有很多种,不同生产方式中各种生产要素的组合方式不同,最终起决定作用的是各生产要素之间的相对价格。如果人的劳动力成本价格较高,人们就会更多地选择机器(包括机器人)等其他可以替代人的生产要素。但毫无疑问,机器不可能完全替代人,因为到目前为止,只有人具有创造性。当生产中采用更多的机器来取代人的时候,就可以让更多的人从事创造性劳动,社会劳动生产效率就会越高。

4.1.3   生产中长期与短期的划分

西方经济学的生产理论可以分为短期生产理论和长期生产理论。如何区分短期生产和长期生产呢?厂商长期生产和短期生产的划分不是指一个具体的时间跨度,而是指生产者在一定时期内能否变动全部要素投入数量。

短期生产中,至少有一种投入不能随着产量变动而变动。在短期生产中,生产要素可以分为两大类:一类可以随着产量的变动而变动,如劳动和原材料等,称为可变投入;另一类要素不能随着产量的变动而变动,如机器、厂房和设备等,称为固定投入。在短期内,厂商要想调整产量,因为条件限制来不及调整生产规模,而只能在原有的厂房、机器和设备基础上依靠劳动和原材料投入的多少来达到调整产量的目的。例如,某地因为地震,急需大量的帐篷。在短时间内,帐篷厂不可能通过增加设备或是引进生产线来完成,只能依靠大量增加原材料供给和工人加班加点来完成。这就是短期调整产量水平的问题。

长期生产中,所有的投入都可以随着产量的变动而变动,即一切生产要素都是可以变动的。在长期内,企业想要提高产量,既可以依靠劳动和原材料投入的多少实现,又可以通过引进机器设备,扩大生产规模来实现,还可以依靠两者综合变动来实现。例如,如果市场对该产品的需求是由于人们对这种产品偏好普遍变大而长期地增加,那么厂商就要增加设备扩大生产规模来满足这一市场需求。这就是长期调整生产的问题。

另外,对于不同的产品来说,短期生产和长期生产所规定的生产周期是不同的。例如,变动一个大型炼油厂的规模可能需要五年,故其短期生产和长期生产的划分以五年为界。而变动一个小食店的规模可能只需要一个月,故其短期生产和长期生产的划分为一个月。

4.1.4 生产函数

1)生产函数的定义

在导论中我们指出,任何一个社会都会面临资源稀缺的问题,即一个社会所能生产的商品和服务的总量受制于社会可利用的资源总量和技术状况。同样,任何一个厂商也面临同样的约束,不管厂商从事什么样的生产活动。由于它投入的生产要素有限,在它所能掌握的生产技术条件下,能够提供的产量肯定不会超过某个上限,这样一种约束关系可以用生产函数来表示。

所谓生产函数就是表示一定期间内在生产技术不变的条件下生产要素的投入量与它所提供的最大产出量之间的数量关系。注意:生产函数本身并不涉及价格或成本问题。假定投入的生产要素包括劳动(L)、资本(K)、土地(N)和企业家才能(E),目前的技术状况为 T,以 Q 代表产量,则生产函数通常记为:$Q = f(L, K, N, E, T)$。为了分析方便,在本章中我们假定技术状况是既定的,只有两种投入品:劳动 L 和资本 K,生产函数就简化为:$Q = f(L, K)$。

这个方程显示了产出与劳动和资本这两种生产要素之间的数量关系,它的存在使不同的生产要素投入生产同一数量的产出成为可能。以生产葡萄酒为例,它可以产自一个劳动密集型企业,采取人工压榨葡萄;也可以产自一个资本密集型企业,使用机器压榨葡萄。

生产函数有两个基本特征。

第一,若生产要素的投入量不同,则商品的产出量也不同。一般来讲,更多的投入一定会得到更多的产出。

第二,厂商采用的生产技术决定厂商生产函数的具体形式。生产技术与生产函数之间存在着对应关系。

在这里需要注意三点。①在生产函数中,产量 Q 是指一定投入要素的组合所能生产出来的最大常量,也就是说,投入要素的使用都假定是非常有效率的。因此,如果某一种投入要素的组合带来了生产函数所要求的产量,我们就称这样的生产在技术上是高效率的。②使用生产函数来分析厂商的生产,仅仅涉及厂商的投入要素和产出之间的关系,而完全不涉及厂商作为一种生产性组织的内部结构、组织的具体运作以及生产的具体工艺过程。换言之,在这里,我们把厂商视为一个"黑箱"。③生产函数是在特定的技术条件下确定的,而随着技术的不断进步,生产函数也会发生变化,厂商可以用相同的投入品生产出更多的产品。例如,光纤网线的产生,使计算机能在相同的时间内搜索出更多的信息。

生产函数给定了厂商为了达到某个产量可采取的各种生产要素投入的组合。为了具体分析某一种生产要素对生产的贡献,我们首先考虑短期生产函数。在短期生产函数中,一般假定只有一种投入要素可变,如劳动可以变动,资本要素为既定,则生产函数变为 $Q = f(L, \bar{K})$,这被称为短期生产函数。在长期内,劳动和资本的投入量都可变,从而生产函数变为:$Q = f(L, K)$,这被称为长期生产函数。

2)生产函数的具体形式

生产函数中的投入与产出的关系,取决于投入的设备、原材料、劳动力等诸要素的技术水平。因此,任何生产方法和技术水平的改进都会导致新的投入产出关系。不同的生产函数代表不同的生产方法和技术水平。生产出一定量某种产品所需要的各种生产要素的配合比例被称为技术系数,它可以是固定的,但更多情况下是可以改变的。

生产函数的具体形式多种多样,不同的生产函数代表着在生产中投入量和产出量之间不同的依存关系。下面介绍三种在西方经济学中常用的生产函数的具体形式。

(1)固定替代比例生产函数

固定替代比例生产函数是指在每一产量水平上任何两种要素之间的替代比例都是固定的。假定生产过程中只使用劳动和资本两种要素,则固定替代比例的生产函数通常表示为

$$L = \frac{Q}{a} - \frac{b}{a}K \tag{4-1}$$

式中,Q 是产量,L, K 分别表示劳动和资本,常数 $a, b > 0$。固定替代比例的生产函数代表着产量 Q 取决于 L 或者是 K 的投入量,而且两种生产要素是可以完全替代的,其替代关系可以表示为:

$$L = \frac{Q}{a} - \frac{b}{a}K$$

L 和 K 的替代比例为 $\frac{b}{a}$,如图 4-1 所示,一单位的资本可以替代两单位的劳动。

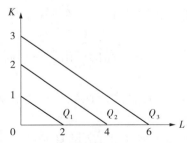

图 4-1 固定替代比例的生产函数

（2）固定投入比例生产函数（里昂剔夫生产函数）

固定投入比例生产函数表示在每一个产量水平上任何一对要素投入量之间的比例都是固定的。假定生产过程中只使用劳动和资本两种要素，则固定投入比例函数通常表示为：

$$Q = \min \left\{ \frac{L}{u}, \frac{K}{v} \right\} \tag{4-2}$$

式中，Q 是产量，L，K 分别表示劳动和资本，常数 u，$v > 0$。u 为固定的劳动生产技术系数，v 为固定的资本生产系数。在固定比例生产函数下，产量取决于生产这种产品的最少生产要素。这时，产量的增加，必须有 L，K 按规定比例同时增加，若其中之一数量不变，单独增加另一要素量，则产量不变，即短桶效应。

如图 4-2 所示，以生产 Q_2 的产量来说，B 点的生产要素 (L_2, K_2) 是生产产量 Q_2 的最小要素组合，F 点代表劳动投入量过多，G 点代表资本投入量过多。如果产量由 Q_2 增加为 Q_3，则最小要素组合点由 B 点移至 C 点。如果产量由 Q_2 减少为 Q_1，则最小要素组合点由 B 点移至 A 点。因此，从原点出发经过 A，B 和 C 的射线 OR 表示了这一固定投入比例生产函数的所有产量的最小要素投入量的组合。

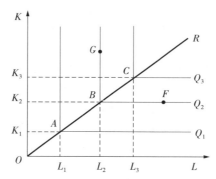

图 4-2 固定投入比例的生产函数

（3）柯布-道格拉斯生产函数

柯布-道格拉斯生产函数是由数学家 C. W. 柯布（C. W. Cobb）和经济学家保罗·H. 道格拉斯（Paul H. Douglas）于 20 世纪 30 年代提出来的。它用来预测国家和地区的工业系统或大企业的生产和分析发展生产的途径的一种经济模型，其函数表达式为：

$$Q = AL^{\alpha}K^{\beta} \tag{4-3}$$

式中，Q 代表产量，L 代表劳动投入量，K 代表资本投入量，A，α 和 β 是三个正的参数。A 是综合技术水平，A 的数值越大，既定的资本和劳动投入所生产的产量越大；α 为劳动所得在总产量中所占的份额；β 为资本所得在总产量中所占的份额。根据柯布和道格拉斯两人对美国 1899—1922 年有关经济资料的分析和估算，α 的值约为 0.75，β 的值约为 0.25。它说明，在这一期间的总产量中，劳动所得相对份额为 75%，资本所得相对份额为 25%。此外，根据生产函数的参数 α 与 β 之和，还可以判断规模报酬的情况。

柯布-道格拉斯生产函数被认为是一种很有用的生产函数，因为该函数以简单的形式具备了经济学家所关心的一些性质，它在经济理论的分析和应用中都具有一定意义。

4.2 短期生产函数

微观经济学通常以一种可变生产要素的生产函数考察短期生产理论,即假定其他投入不变,只有一种要素如劳动投入量可变。研究这种投入要素的最优使用量,就属于单一可变投入要素的最优利用问题。要理解这个问题,必须先了解总产量、平均产量和边际产量的相互关系。

4.2.1 总产量、平均产量和边际产量

1)概念

短期生产函数 $Q = f(L, \bar{K})$ 表示:在资本投入量固定时,由劳动投入量变化所带来的最大产量的变化。由此,我们可以得到劳动的总产量、劳动的平均产量和劳动的边际产量这三个概念。

①总产量(Total Product of Labor),指在一定技术条件下,各种生产要素投入后所能产生的最大产量,用 TP 表示。

$$TP = Q = f(L, \bar{K}) \tag{4-4}$$

②平均产量(Average Product of Labor),指在一定技术条件下,平均每单位可变生产要素所产出的产量。由总产出 Q 除以总劳动投入 L 得出,用 AP 表示。

$$AP = \frac{TP}{L} = \frac{Q}{L} \tag{4-5}$$

③边际产量(Marginal Product of Labor),指在其他投入要素不变的条件下,每增加一单位某种投入要素所引起的产量的增量,用 MP 表示。如果用 TP 表示总产量的增量,L 表示劳动投入的增加量,那么边际产量的公式为:

$$MP = \frac{\Delta TP}{\Delta L} \tag{4-6}$$

或

$$MP = \lim_{\Delta L \to 0} \frac{\Delta TP}{\Delta L} = \frac{dTP}{dL} \tag{4-7}$$

2)曲线图形

为了说明三者之间的关系,我们假定可变的投入要素为劳动 L,生产一种产品,生产函数的具体形式设为:$Q = 35L + 8L^2 - L^3$。根据上述定义,劳动的总产量公式为 $TP = Q = 35L + 8L^2 - L^3$。劳动的平均产量公式为 $AP = \frac{Q}{L} = 35 + 8L - L^2$。劳动的边际产量公式为 $MP = \frac{dQ}{dL} = 35 + 16L - 3L^2$。将 L 的投入数量分别代入上述三个公式,即可编制一张关于短期

生产函数的总产量、平均产量和边际产量的表,见表4-1。

表4-1 总产量、平均产量和边际产量

L	TP	AP	MP
0	0		
1	42	42	48
2	94	47	55
3	150	50	56
4	204	51	51
5	250	50	40
6	282	47	23
7	294	42	0
8	280	35	−29

注:这里的空缺不能根据平均产量函数和边际产量函数计算得到,因为 $L = 0$ 时,不可能有产量 AP 与 MP。

根据表4-1可以分别绘制出总产量曲线图形、平均产量曲线图形及边际产量曲线图形。这三条产量曲线分别是指一定技术水平条件下的投入产出关系。为了分析方便,我们假定技术水平不变,来考察既定技术水平上的产量曲线。

（1）总产量曲线图形

①劳动投入达到 4 之前,每增加一个劳动投入所带来总产量的增量为正数并且递增。所以,总产量以递增的速度增加,总产量曲线向上倾斜,并且斜率递增,凸向 L 轴,如图 4-3 所示。

②在劳动投入为 4 ~ 7 时,每增加一个劳动投入所带来总产量的增量为正数但是递减。所以,总产量以递减的速度增加,总产量曲线向上倾斜,并且斜率递减,即凹向 L 轴。

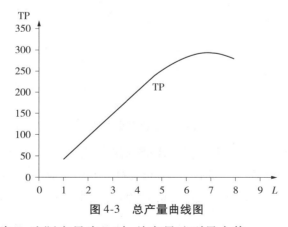

图 4-3 总产量曲线图

③当劳动投入量为 7、边际产量为 0 时,总产量达到最大值。

④当继续增加劳动投入且劳动投入量为 8 时,边际产量为负值,总产量开始递减。

（2）平均产量曲线图形

①劳动投入在 4 之前，每增加一个劳动投入所带来平均产量的增量为正值，平均产量递增，如图 4-4 所示。

②当劳动投入为 4 时，平均产量等于边际产量都等于 51，在图形上表示为边际产量曲线和平均产量曲线相交。在劳动投入达到 4 之后，平均产量递减，劳动投入为 4 时是平均产量的最大值。

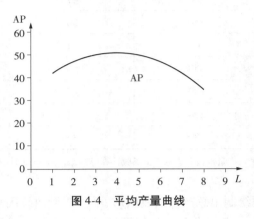

图 4-4　平均产量曲线

（3）边际产量曲线图形

①劳动的边际产量先递增，劳动投入达到 3 时，MP 最大，如图 4-5 所示。

②劳动投入达到 3 以后，继续增加劳动投入量，边际产量开始递减，当劳动的投入量为 7 时，$MP = 0$。如果再继续增加劳动投入量，边际产量变为负值。

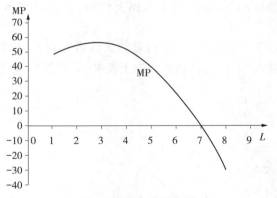

图 4-5　边际产量曲线

③边际产量递减规律也称为边际报酬递减规律，是指在技术水平和其他投入保持不变的条件下，连续追加一种生产要素的投入量，总是存在着一个临界点，在这一点之前，边际产量递增，超过这一点，边际产量将出现递减的趋势，直到出现负值。边际报酬递减规律是短期生产的一条基本规律。

④由于边际报酬递减规律的存在，使总产量曲线上出现拐点。

注意：边际报酬递减规律要发生作用必须具备三个条件。

第一，生产要素投入量的比例是可变的，即技术系数是可变的。这就是说，在保持其他生产要素不变而只增加某种生产要素投入量时,要素边际收益才发生递减。如果各种生产要素的投入量按原比例同时增加,边际收益不一定递减。

第二,技术水平保持不变。如果技术水平提高,在保持其他生产要素不变而增加某种生产要素时,边际收益不一定递减。

第三,所增加的生产要素具有同样的效率。如果增加的第二个单位的生产要素比第一个单位的更为有效,则边际收益不一定递减。

3)三者之间的相关关系

西方经济学家通常将总量曲线、平均产量曲线和边际产量曲线置于同一张坐标图中,来分析这三个产量概念之间的相互关系。图4-6反映了短期生产的有关产量曲线相互之间的关系。

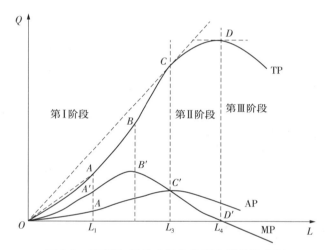

图4-6 总产量、平均产量和边际产量的综合图

(1)总产量和边际产量的关系

根据边际产量的定义,边际产量是总产量的增量。因此,只要边际产量为正值,总产量总是增加的;只要边际产量为负值,总产量总是减少的。相应地在图4-6中,根据导数的几何意义,边际产量等于总产量曲线在各点切线的斜率。当劳动投入量为 L_4 时,过 D 点的切线的斜率,就是相应的 MP 值。因此,在投入4个 L 以前,总产量以递增速率上升,表现为增加劳动投入能增加总产量的增量(总产量对劳动的二次导数为正)。总产量曲线凸向横轴。从第4个 L 到第7个 L,总产量以递减的速率上升,总产量曲线形状为凹向横轴。此时边际产量曲线下倾,表明增加劳动虽然能增加总产量,但总产量的增量减少(总产量对劳动的二次导数为负)。从第8个 L 开始,总产量曲线向下倾斜,增加劳动投入之后反而使总产量减少,边际产量为负,边际产量曲线延伸到横轴以下。而当劳动投入为7时,总产量曲线达到最高点,此时边际产量曲线与横轴相交,边际产量为零,总产量达到最大。

(2)边际产量和平均产量的关系

在图中当劳动投入量小于4时,边际产量大于平均产量(边际产量曲线位于平均产量曲线上方),平均产量上升。当劳动投入量大于4时,边际产量小于平均产量(边际产量曲线位于平均产量曲线下方），平均产量下降。而当劳动投入量为 4 时，边际产量等于平均产量，也就是边际产量曲线与平均产量曲线一定要在平均产量曲线的最高点相交时，平均产量达到最大。

边际产量和平均产量之间的这种关系不难理解。事实上，边际产量是增加一个劳动投入所增加的产量，平均产量是每个劳动者的人均产量。当增加一个劳动投入增加的产量大于人均产量时，人均产量就会提高；而当增加一个劳动投入增加的产量小于人均产量时，人均产量就会降低。例如，当一个班级转来一个新同学的身高大于这个班级的平均身高，就会使这个班级的平均身高增加；而当一个班级转来一个新同学的身高低于这个班级的平均身高，就会使这个班级的平均身高降低。由于边际产量由递增开始然后转为递减，因此边际产量等于平均产量时，平均产量由上升开始转为下降，从而使平均产量达到最大。

（3）平均产量和总产量的关系

在几何意义上，平均产量实际上就是总产量曲线上每一点与原点连线的斜率。因此，在图 4-6 中，总产量曲线上的某一点与原点连线恰好是总产量曲线的切线时，斜率达到最大（图中 C 点位置）。以原点为始点，向总产量曲线上每一点做射线，那么曲线上任何一点的射线都位于射线 OC 的下方。由此可以说明：当平均产量曲线达到最高点时，在总产量曲线上必然存在相应的一点，该点与原点的连线在 TP 曲线上所有的点与原点连线中最陡。

综上所述，可以将三者之间的关系概括为：在 TP 曲线上任意一点与原点连线的斜率即为平均产量；过任意一点切线的斜率即为边际产量。当边际产量等于平均产量时，平均产量达到最大。当总产量达到最大时，边际产量为 0。边际产量的最高点，位于 TP 曲线的拐点上。

4.2.2　短期生产的三个阶段

通过上述的学习，我们已经知道了总产量、平均产量和边际产量的变化规律及其相互之间的关系。那么，在边际收益递减规律的作用下，厂商应如何合理地选择要素投入生产中？

在西方经济学中，通常根据总产量曲线、平均产量曲线和边际产量曲线，把产量的变化划分为三个阶段。

第一阶段：平均产量递增（MP ＞ AP），属于生产初期。在这一阶段内劳动的平均产量始终是上升的，且达到最大值；劳动的边际产量上升达到最大值，然后开始下降，但边际产量始终大于平均产量，从而总产量和平均产量都是递增的。在第一个区间，由于随着劳动投入量的增加，总产量、平均产量和边际产量都随之增加，特别是边际产量一直增加，每多投入一单位的生产要素会带动总产量递增式增加，故企业不会停留在该区间，理性的厂商会选择继续增加劳动投入，期望得到更多的产量，从而将生产扩大到第二个阶段。

第二阶段：平均产量递减（MP ＜ AP，且 MP ＞ 0），属于生产中期。在此阶段边际产量是递减的，但仍大于零，而且边际产量小于平均产量，使平均产量下降，但总产量还在继续上升。

第三阶段：边际产量小于 0（MP ＜ AP，且 MP ＜ 0），属于生产后期。在该阶段的起始点上，总产量达到最大值，而边际产量为零。在该阶段中，边际产量小于零且继续下降，平均产量和总量也不断下降。在第三阶段,增加劳动反而减少总产量。

显然,一个追求利润最大化的企业绝不会选择第三个区间,否则就不符合经济人的理性假设,因此厂商尽量使生产避免进入第三阶段,一般选择第二阶段作为生产的最佳阶段,因为增加可变要素投入对总产量的增加是有利可图的。在第二区间内,对追求利润最大化的企业而言,无法进一步确定利润最大化的劳动的投入量,因为没有涉及成本分析。

4.3 长期生产函数

与短期生产函数不同,在长期生产中的所有的投入要素都是可以变动的。为了简化分析,通常假定生产者使用劳动和资本两种可变生产要素来生产一种产品,并且它们之间有替代关系。生产中既可以多用资本少用劳动,也可以少用劳动多用资本生产相同的产量。以追求最大利润为目标的厂商,总是力求选择最佳的或是最合适的生产要素组合,以最低成本生产某一既定产量。最佳要素组合的确定需要借助等产量曲线与等成本曲线的概念。

4.3.1 等产量线与边际技术替代率递减规律

1)等产量曲线

等产量曲线是表示在技术水平不变的条件下,生产同一产量的两种生产要素投入量的所有不同组合的轨迹。假设以常数 Q^0 表示既定的产量水平,则与等产量曲线相对应的生产函数为:

$$Q = f(L, K) = Q^0 \tag{4-8}$$

这种函数形式表示某一种商品的生产需要投入劳动 L 和资本 K 两种生产要素,两种生产要素都是可变的,并且两者之间可以相互替代,那么等产量曲线就是一条由用技术上有效的方法生产一定产量的所有劳动和资本可能组合点所组成的曲线。例如,生产某一种商品既可以多用资本少用劳动,采取资金密集型生产方式;也可以多用劳动少用资本,采取劳动密集型生产方式。假设生产函数为 $Q = 5KL$,根据既定的生产函数可以通过改变两种生产要素的投入组合得到相同的产量,见表4-2。

表4-2 生产要素的各种组合

组合方式	L 的数量	K 的数量	X 的产量
A	1	40	200
B	5	8	200
C	10	4	200
D	15	2.67	200
E	20	2	200

将上述表格中的数据,绘制在一张二维坐标图中,就可以得到一条等产量曲线 Q_2 = 200。而且根据既定的生产函数,可以在同一个坐标图中绘制出无数条等产量曲线,每一条等产量曲线分别代表所有的劳动和资本的可能组合所能产出的一定产量,如图 4-7 所示。

从图 4-7 中,可以发现等产量曲线有如下四个特征。

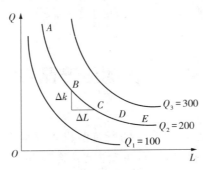

图 4-7 等产量曲线

第一,等产量曲线向右下方倾斜,其斜率为负值。这是因为,保持产量不变,增加一种要素的投入量时,必须减少另一种要素的投入量。

第二,在同一平面图上,可以有无数条等产量曲线,离原点较远的等产量曲线总是代表较大的产出。图中 Q_2 的位置比 Q_1 的位置高,代表前者的产量要大于后者,这是因为,在一般情况下,投入较多的要素,厂商就一定能够得到较大的产出。

第三,同一平面图上的任意两条等产量曲线不能相交。因为在交点上两条等产量曲线代表了相同的产量水平,而同一种组合的投入要素不可能生产出两个不同的产量,这与第二个特征相矛盾。

第四,等产量曲线是一条凸向原点的线,表明其斜率的绝对值沿着横轴的方向递减。这一特征是由边际技术替代率递减规律所决定的。

2)边际技术替代率

一条等产量曲线表示一个既定的产量水平可以由两种可变要素的各种不同数量的组合生产出来。例如,为了生产 200 单位的某种产品,生产者可以使用较多的劳动和较少的资本,也可以使用较少的劳动和较多的资本。在图 4-7 中,为了维持固定的 200 单位的产量,由 A 点到 E 点,资本量不断减少,劳动投入量不断增加。根据等产量曲线的特性,产量仍为 200 单位,表示增加劳动所得的产量恰恰弥补了因减少资本投入而损失的产量。产量不变,正是两种投入量相互替代的结果。为了表达两种要素相互替代的能力,经济学家提出了边际技术替代率。

边际技术替代率是指在维持产量不变的条件下,增加 1 单位某种生产要素的投入所能减少的另一种生产要素的投入数量。在图形上体现为等产量曲线上各点切线的斜率,其英文缩写为 MRTS。那么,边际替代率用公式可表示为:

$$\text{MRTS}_{L,K} = -\frac{\Delta K}{\Delta L} \tag{4-9}$$

式中,ΔK 与 ΔL 呈反方向变动,因此在 $\frac{\Delta K}{\Delta L}$ 之前加上负号表示 $\text{MTRS}_{L,K}$ 为正值,以便于比较。

在图 4-7 中,当 A 点沿着既定的等产量曲线的变动量为无穷小时,则边际技术替代率的公式为:

$$\mathrm{MRTS_{L,K}} = -\lim_{\substack{\Delta L \to 0 \\ \Delta K \to 0}} \frac{\mathrm{d}K}{\mathrm{d}L} \tag{4-10}$$

显然,等产量曲线上某一点的边际技术替代率就是等产量曲线在该点斜率的绝对值。

边际技术替代率还可以表示为两要素的边际产量之比。为了保持总产量不变,增加 1 单位某种投入要素(如劳动)可以相应减少另一种投入要素(如资本)的数量。为了维持既定产量,劳动增量所带来的产量的增量必须等于资本减少所带来的产量的损失,所以等产量曲线上有如下等式:

$$|\mathrm{MP_L} \cdot \Delta L| = |\mathrm{MP_K} \cdot \Delta K|$$

即:

$$\mathrm{MRTS_{L,K}} = -\frac{\Delta K}{\Delta L} = \frac{\mathrm{MP_L}}{\mathrm{MP_K}}$$

从表 4-2 与图 4-7 可以清楚地看出,在产量不变的条件下,增加一种要素来替代另一种要素的情况。产量 200 不变,从 A 点将劳动的投入增加到 5 个单位,为了保持产量不变,必须减少资本要素的投入量,资本减少到 8。要素投入组合从 A 点变为 B 点,这时增加 1 个单位的劳动可以替代 8 个单位的资本。当继续增加相同单位的劳动投入时,要素投入组合从 B 点变为 C 点。为了维持产量不变,必须再次减少资本要素的投入量,资本减少到 4 个单位。这时,增加 1 个单位的劳动可以替代 1 个单位的资本。当再次增加相同单位的劳动投入时,要素组合从 C 点变为 D 点。同样为了维持产量不变,再次压缩资本要素的投入量,资本减少到 2.67 个单位。这时,增加 1 个单位的劳动可以替代 0.33 个单位的资本。如果劳动投入再进一步增加,每单位劳动能够替代的资本数量不断减少,也就是说劳动对资本的边际技术替代率是递减的。

在两种生产要素相互替代的过程中,普遍存在这么一种现象:在维持产量不变的前提下,当一种生产要素的投入量不断增加时,每一单位的这种生产要素所能替代的另一种生产要素的数量是递减的。这一现象被称为边际技术替代率递减规律。前面提到,等产量曲线一般具有凸向原点的特征,这一特征是由边际技术替代率递减规律所决定的。等产量曲线上某一点的边际技术替代率就是等产量曲线在该点的斜率的绝对值,又由于边际技术替代率是递减的,因此,等产量曲线的斜率的绝对值是递减的,即等产量曲线是凸向原点的。

4.3.2 等成本曲线

等产量曲线上任何一点都代表生产一定产量的两种要素组合,厂商在生产过程中选择哪一种要素组合才能产生最佳的经营效果,还取决于生产这些产量的总成本,而成本还依存于要素的价格。在生产要素市场上厂商对生产要素的购买支付,构成了厂商的生产成本。成本问题是厂商追求利润最大化时所必须考虑的问题。为此我们需要引入一个分析工具——等成本曲线。等成本曲线与效用论里面的预算线相似。

等成本曲线是在既定的成本和既定的生产要素价格条件下,生产者可以购买到的两种生产要素的各种数量组合的轨迹。如果厂商面临的生产要素价格是固定的,等成本曲线就是一条直线,其斜率代表相对价格。例如,如果按照某地的最低工资标准,每名工人每天的成本为84元,那么如果厂商减少使用1名工人,便可以在机器的租金上多开支84元。

如果厂商投入的总成本为C,使用的两种生产要素为劳动和资本,其投入量分别为L和K。劳动力的价格,即工资率为ω,既定的资本的价格,即利息率为γ,厂商既定的成本支出为C,则等成本方程为:

$$C = \omega L + \gamma K \qquad (4\text{-}11)$$

由于成本方程式是线性的,因此,等成本曲线必定是一条直线。其中,ωL表示劳动的成本,γK表示资本的成本。式(4-11)中两种生产要素的价格都为正值,则可以将公式写成如下形式:

$$K = \frac{C}{\gamma} - \frac{\omega}{\gamma} \times L \qquad (4\text{-}12)$$

这条曲线的斜率为$-\dfrac{\omega}{\gamma}$,表示L与K的数值呈反方向变化,即增加K的购买量必须减少L的购买量,增加L的购买量,必须减少K的购买量。同时,也可看出,在要素价格给定的条件下,等成本曲线的斜率是一个常数,其绝对值为两种要素的价格之比。

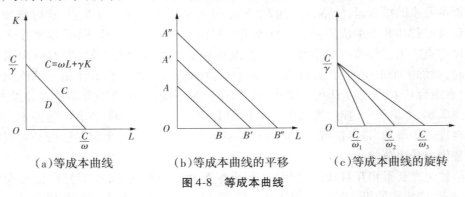

（a）等成本曲线　　　　（b）等成本曲线的平移　　　　（c）等成本曲线的旋转

图4-8　等成本曲线

在图4-8(a)中,横轴上的点$\dfrac{C}{\omega}$表示既定的全部成本都购买劳动时的数量。纵轴上的点$\dfrac{C}{\gamma}$表示既定的全部成本都购买资本时的数量。连接这两点的线段就是等成本曲线。图4-8(b)中,在生产要素价格不变时,厂商投入成本增加了,等成本曲线将向右上方平行移动,反之将向左下方平行移动。图4-8(c)中,成本不变,但是劳动的生产要素价格发生变化,使等成本曲线的斜率也会发生变化。

在图4-8(a)中,在等成本曲线以内区域中的任何一点,如D点,表示既定的全部成本都用来购买该点的劳动和资本的组合以后还有剩余。等成本曲线以外的区域中的任何一点,如C点,表示以现有的成本条件,不能够购买想要的劳动和资本的组合。只有在等成本曲线上的任何一点,才表示用既定的全部成本能刚好购买到的劳动和资本的组合。

4.3.3　生产者最佳投入组合

在长期中,生产者所有生产要素的投入数量都可以变动,任何一个理性的生产者都会选择最优的生产要素组合进行生产。可以利用等产量曲线与等成本曲线考察厂商如何调整投入要素的组合:把厂商的等产量曲线和相应的等成本曲线绘制在同一个平面坐标系中,就可以确定厂商在既定成本下实现最大产量的最优要素的组合点。

1)既定产量条件下的成本最小化

由于厂商可以调整成本,因此等成本曲线就有很多条。为了分析方便,在图4-9中,我们给出三条等成本曲线,其中 $C_3 > C_2 > C_1$,离原点较近的等成本曲线代表较低的成本。在产量为 Q_0 的情况下,虽然 C_1 代表的成本较低,但与 Q_0 既无交点也无切点,意味着它无法实现等产量曲线 Q_0 所代表的产量。等产量曲线与 C_3 相交于 A,B 两点上,代表在 A 和 B 的生产要素组合都可以生产出 Q_0 的产量。但是 C_3 的成本明显要大于 C_2 的成本,没有达到最低成本的要求。在 A 点,劳动投入量过少,导致资本投入量过大,厂商可以通过增加劳动要素投入量,减少资本使用量,来降低成本;在 B 点,资本投入量过少,导致劳动投入量过大,厂商可以通过减少劳动要素的投入量,增加资本使用量,来降低成本。当等产量曲线 Q_0 刚好与等成本曲线相切时,可以达到在既定的产量下成本量最低。如图4-9所示,等产量曲线 Q_0 与 C_2 相切于 E 点,我们可以看到在 E 点时,厂商无论是增加资本使用量,减少劳动使用量,还是减少资本使用量,增加劳动使用量,都只会导致成本的提高。此时,E 点即为我们找的均衡状态。在 E 点厂商的生产经营状况达到了最优,生产者不会再调整要素投入量,达到了生产者均衡。因此,等产量曲线与等成本曲线相切之点就代表了既定产量下所需要的最低成本,同时也找出了两种生产要素投入的最佳组合状况。

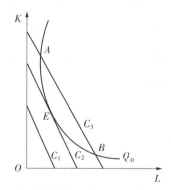

图4-9 既定产量条件下成本最小化

2)既定成本条件下的产量最大化

假定在一定的技术条件下厂商用两种可变生产要素劳动和资本生产一种产品,且劳动的价格 ω 和资本的价格 γ 是已知的,厂商用于购买这两种要素的全部成本 C_0 是既定的。如果企业要以既定的成本获得最大的产量,那么,它应该如何选择最优的劳动投入量和资本投入量的组合呢? 在图4-10中,假定有一条等成本曲线 C_0 和三条等产量曲线 Q_1,Q_2,Q_3。由图4-10可知,等成本曲线与其中一条等产量曲线 Q_2 相切于 E 点,该点就是生产的均衡点。

等成本曲线表示:在既定成本条件下,按照 E 点的生产要素组合进行生产,厂商就会获得最大的产量。

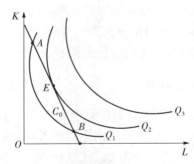

图 4-10 既定成本下产量最大

由此可见,生产者均衡一定位于等成本曲线与等产量曲线的切点上。综合前面我们学习的知识可知,等成本曲线的斜率为两种要素的价格之比。等产量曲线的斜率为两种要素的边际技术替代率。两条曲线相切代表着在切点处斜率相等。所以,在切点处有以下等式:

$$\text{MRTS}_{L,K} = \frac{\omega}{\gamma} \qquad (4-13)$$

式(4-13)表示:为了实现既定成本条件下的最大产量,厂商必须选择最优的生产要素组合,使两要素的边际技术替代率等于两要素的价格比例。这就是两种要素的最优组合原则。进一步,可以有:

$$\text{MRTS}_{L,K} = -\frac{\Delta K}{\Delta L} = \frac{P_L}{P_K} = \frac{\text{MP}_L}{\text{MP}_K}$$

即:

$$\frac{\text{MP}_L}{\text{MP}_K} = \frac{P_L}{P_K} \text{ 或} \frac{\text{MP}_L}{P_L} = \frac{\text{MP}_K}{P_K}$$

这意味着:厂商可以通过对两要素投入量的不断调整,使最后一单位的成本支出无论用来购买哪一种生产要素所获得的边际产量都相等,从而实现既定成本条件下的最大产量。

4.3.4 规模报酬

在短期内由于其他一些要素无法增加,某一种可变要素投入的增加必然带来边际报酬递减现象。而长期内假定产量不变,某一种要素投入的增加必然导致边际技术替代率递减现象。但是在长期内,当所有的投入要素都改变时,会引起生产规模的变动。因此,规模报酬分析属于长期生产理论问题。

投入—产出的规模报酬存在着三种可能性:首先,如果所有投入要素按同比例增加也带来产出的同比例增加,我们称为规模报酬不变;其次,如果所有要素投入按同比例增加带来产出更大比例的增加,我们称为规模报酬递增;最后,如果所有要素投入按同比例增加带来产出更小比例的增加,我们称为规模报酬递减。

规模报酬问题用数学语言表达,假设生产函数为:

$$Q = f(L, K)$$

一般来说,如果劳动 L 和资本 K 分别增加到 AL,AK,其中 $A > 1$,那么产出将会有 $f(L, K) = f(AL, AK)$,将会出现以下三种情况。

①如果 $f(AL, AK) > Af(L, K)$，表明产量增加的速度大于要素增加的速度，生产函数为规模报酬递增，如图 4-11 所示。

②如果 $f(AL, AK) = Af(L, K)$，表明产量增加的速度等于要素增加的速度，生产函数为规模报酬不变，如图 4-12 所示。

③如果 $f(AL, AK) < Af(L, K)$，表明产量增加的速度小于要素增加的速度，生产函数为规模报酬递减，如图 4-13 所示。

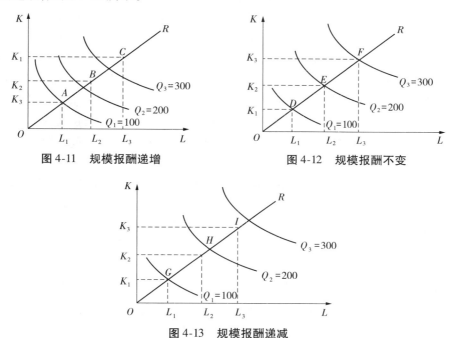

图 4-11 规模报酬递增   图 4-12 规模报酬不变

图 4-13 规模报酬递减

因此，一般来讲，企业规模扩张的开始阶段是规模报酬递增，然后经历规模报酬不变，最后达到规模报酬递减阶段。最优规模应该在一定规模之后产生，但并不一定是最大规模。因此投入—产出规模报酬的三种情况并不是相互独立和隔绝的，而是贯穿厂商整个生产过程中。

4.4　成本及成本函数

4.4.1　成　本

成本是指厂商生产一定数量的商品或提供一定数量的服务所耗费的生产要素的价值。它等于投入的每种生产要素的数量与每种生产要素单位价格的乘积的总和。某种产品的生产成本是该产品供给价格的主要决定因素。

经济学中的成本概念与会计学中的成本概念二者存在较大的差异。在会计学中，企业的生产成本是企业对所购买或租用的生产要素的货币支出。然而，在经济学中，仅仅这样理解成本概念是不够的。同时,为更好地区分经济成本和会计成本,提出以下三种成本概念。

1)会计成本和机会成本

会计成本是指企业在生产经营过程中所发生的实际支出,它是已发生的历史成本,通常可以通过企业的会计账目反映出来。

机会成本是指某项资源用于一种特定用途而不得不放弃的其他用途中所获得的最高收益。这一概念主要是从经济资源的稀缺性前提出发的,涉及稀缺资源的有效配置问题。在现实生活中,一种资源通常有多种用途,而其一旦用于某种用途就不能同时用于其他用途,即选择了一种机会就意味着放弃了其他机会。例如,一块土地有三种用途,即种草莓、种葡萄、种草坪,假定种草莓、种葡萄、种草坪的收益分别是 3 000 元、3 500 元和 4 000 元。如果现在选择了种草坪,那么这块土地种植草坪的机会成本是 3 500 元。机会成本应该是放弃的其他用途中的最高收益值,而不是放弃的其他用途的收益总和。此外,机会成本所指的放弃的用途,必须是决策者可选择的用途。如果不是决策者可选择的用途,就不属于决策者的机会成本。例如,上述例子,那块土地只有种草莓、种葡萄、种草坪这三种种植选择,现在假定种西瓜可以获得 4 500 元,那么种植草坪的机会成本仍然是种葡萄的 3 500 元,而不是种西瓜的 4 500 元。因为这块土地种西瓜不在土地所有者的考虑范围内。因此,机会成本是与决策相关的成本,决策者进行选择时,一般要选择机会成本最低的用途。

2)显性成本和隐性成本

显性成本是指厂商在生产要素市场上购买或者租用他人所拥有的生产要素的实际支出。例如,某厂商雇了一定数量的工人,购买了一定数量的原材料,从银行获得了一定数量的贷款。因此,该厂商就需要向工人支付工资,向原材料厂商支付费用,向银行支付利息,这些支出便构成了该厂商生产的显性成本。

隐性成本是指厂商自身所拥有的且被用于本企业生产过程的各种生产要素的总价格。例如,为了企业的生产经营,厂商一般会动用自己的资金和土地,并亲自管理企业。当厂商使用这些自有生产要素时,会计成本并不会显示出来。因此,在会计账目上并看不到实际支出,可视为使用这些自有生产要素没有成本。但是在经济学家看来,如果把资金存入银行会有利息,用于其他投资可能会有分红,企业自己使用则损失了存入银行获得利息和用于投资获得分红的机会。假定在分析期内,这笔资金存入银行最多可以获得的利息是 10 万元,用于某项投资最多可以获得的分红是 20 万元,那么这 20 万元就构成了企业的成本。由于这笔成本支出不如显性成本那么明显,因此被称为隐性成本。隐性成本是厂商自己向自己支付的利息、地租和薪金等。从机会成本的角度来看,隐性成本必须以企业自有生产要素在所有用途中所能获得的最高收入来支付,否则厂商会把自有生产要素转移出本企业以获取更高的收益。

3)增量成本和沉没成本

增量成本是某项生产决策而产生的成本,是总成本的增量。它主要是因新增产量而增加的人工、材料和其他费用。

沉没成本是已经付出而无法收回的成本。它是一种不会因为生产决策的改变而改变的成本。例如,你预订了一张汽车票,已经付了票钱且假设不能退票。现在你朋友有车可以载你走,你要不要坐你朋友的车走呢?这个决定其实已经与预订的汽车票钱没有直接关系。因为你坐不坐车,汽车票钱都不能收回,那么你做决定就不应该再考虑这个汽车票价成本了,你更多的需要考虑的是坐哪个车方便、快捷、舒服和安全。因此,沉没成本是与决策无关的成本,决策者做选择时应把沉没成本的因素剔除。

综上所述,经济学中使用的成本概念和会计成本有明显的不同,本书使用的成本概念是经济成本。经济成本等于显性成本和隐性成本之和。由于经济成本与会计成本不一致,因此,按照经济成本和会计成本计算得到的企业利润就存在差异,分别称为经济利润和会计利润。计算经济利润使用的成本是机会成本(包括显性成本和隐性成本),而计算会计利润时所用的成本是显性成本,即

$$经济利润 = 收益 - 经济成本$$
$$会计利润 = 收益 - 显性成本$$

由于经济成本还包含隐性成本,因此,会计利润一般会超过经济利润。

4.4.2 成本函数

如果给定生产函数 $Q = f(L, K)$,资本价格为 γ,劳动价格为 ω,则生产产量 Q 的成本为 $C(Q) = \gamma K + \omega L$,这种产品数量和相应的产品成本之间的函数关系称为成本函数,用公式表示为 $C = f(Q)$。

成本函数取决于两个因素,生产函数和投入要素的价格。生产函数反映的是投入的生产要素与产出之间的关系,它揭示在各种形式下厂商为了得到一定数量产品至少要投入多少单位生产要素。生产函数与投入要素的价格就决定了成本函数。

生产函数有短期和长期之分,相应地,成本函数也有短期成本函数和长期成本函数之分。前者用于企业的日常经济决策,以确定最优产出率;后者一般用于长期规划,以确定最佳生产规模。

4.5 短期成本分析

成本理论是建立在生产理论的基础之上的。生产理论分为短期生产理论和长期生产理论,与之相应,成本理论也分为短期成本理论和长期成本理论。本章从本节起,将先后研究短期成本函数及其曲线和长期成本函数及其曲线。

4.5.1 短期成本的分类

1)固定成本、可变成本和总成本

(1)固定成本

固定成本(Fixed Cost,FC)是厂商在短期内为生产一定数量产品花费在固定要素上的成

本。它不随产量的变化而变化,即使产量为零,固定成本仍然存在,因此是一个常数。例如,厂房、设备的租金,固定资产折旧费,贷款的利息,停产期间无法解雇的员工薪资等。

(2)可变成本

可变成本(Variable Cost,VC)是厂商在短期内生产一定数量的产品花费在可变生产要素上的成本。它随着产量的变化而变化,产量为零,则可变成本为零。例如,原材料、燃料的费用,临时工人的工资等。用公式表示为:

$$TVC = TVC(Q) \tag{4-14}$$

(3)总成本

总成本(Total Cost,TC)是厂商在短期内为生产一定数量的产品对全部生产要素所支出的总成本。它是固定成本和可变成本之和。用公式表示为:

$$TC(Q) = TFC + TVC(Q) \tag{4-15}$$

2)平均固定成本、平均可变成本和平均成本

(1)平均固定成本

平均固定成本(Average Fixed Cost,AFC)是厂商在短期内平均每生产一单位产品所消耗的固定成本。用公式表示为:

$$AFC(Q) = \frac{TFC}{Q} \tag{4-16}$$

(2)平均可变成本

平均可变成本(Average Variable Cost,AVC)是厂商在短期内平均每生产一单位产品所消耗的可变成本。用公式表示为:

$$AVC(Q) = \frac{TVC(Q)}{Q} \tag{4-17}$$

(3)平均成本

平均成本(Average Cost,AC)是厂商在短期内平均每生产一单位产品所消耗的全部成本。它等于平均不变成本和平均可变成本之和。用公式表示为:

$$AC(Q) = \frac{TC(Q)}{Q} = \frac{TFC + TVC(Q)}{Q} = AFC(Q) + AVC(Q) \tag{4-18}$$

3)边际成本

边际成本(Marginal Cost,MC)是厂商在短期内增加一单位产量时所增加的成本。用公式表示为:

$$MC(Q) = \frac{\Delta TC(Q)}{\Delta Q} \tag{4-19}$$

或

$$MC(Q) = \lim_{\Delta Q \to 0} = \frac{\Delta TC(Q)}{\Delta Q} = \frac{dTC}{dQ} \tag{4-20}$$

4.5.2 成本变化的规律及其关系

1)固定成本、可变成本和总成本的关系

假定某企业在短期内生产过程中的产量及相应的总固定成本、总可变成本和总成本的数值及其变化见表4-3。

表4-3 固定成本、可变成本和短期总成本

产量(Q)	固定成本(TFC)	可变成本(TVC)	短期总成本(STC)
0	600	0	600
1	600	300	900
2	600	400	1 000
3	600	450	1 050
4	600	525	1 125
5	600	700	1 300
6	600	1 050	1 650

根据表4-3可以画出相应的固定成本、可变成本和短期总成本曲线,如图4-14所示。

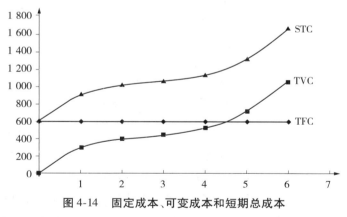

图4-14 固定成本、可变成本和短期总成本

从图4-14可知,固定成本曲线TFC是一条水平线。它表示在短期内,无论产量如何变化,固定成本TFC是固定不变的。

可变成本曲线TVC是一条由原点出发向右上方倾斜的曲线。当产量为零时,TVC经过原点;然后,随着产量的增加,先是以越来越慢的速度增加,然后以越来越快的速度增加。这是因为可变成本如何随产量的增加而增加,取决于生产函数的特性。与生产的边际产量递增过程相对应的是可变成本增加得越来越慢,而与生产的边际产量递减过程相对应的是可变成本增加得越来越快。

短期总成本曲线STC是一条由固定成本TFC在纵轴上的交点出发向右上方倾斜的曲线。它表示在每一个产量上的总成本等于固定成本和可变成本之和。因此,短期总成本

STC 曲线也可以看作由可变成本曲线 TVC 向上垂直平移 TFC 而得到的。

2）平均固定成本、平均可变成本和平均成本的关系

根据表4-3 所列的有关各项总成本的数值及各短期成本之间的关系,能够计算出相应的短期平均固定成本、平均可变成本、平均成本和短期边际成本,见表4-4。

表 4-4　平均固定成本、平均可变成本、短期平均成本和短期边际成本

厂量(Q)	平均固定成本(AFC)	平均可变成本(AVC)	短期平均成本(SAC)	短期边际成本(SMC)
0	—	—	—	—
1	600	300	900	300
2	300	200	500	100
3	200	150	350	50
4	150	131.25	281.25	75
5	120	140	260	175
6	100	175	275	350

根据表4-4可以画出相应的平均固定成本、平均可变成本、短期总成本曲线,如图4-15 所示。

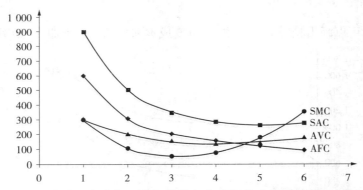

图 4-15　平均固定成本、平均可变成本、短期平均成本和短期边际成本

从图4-15 可知,平均固定成本曲线 AFC 是一条向右下方倾斜的曲线。由于固定成本是一个常数,因而随着产量的增加,每个产量平均消耗掉的固定成本逐渐降低,且随着产量无限变大,数值也逐渐趋近于0。

平均可变成本曲线 AVC 是一条先递减后增加的 U 形曲线。这源于生产要素的边际报酬递减规律。在短期内,可变成本主要由劳动力构成,于是 $VC = \omega \cdot L$。根据定义,平均可变成本为:

$$AVC = \frac{VC}{Q} = \frac{\omega L}{Q} = \frac{\omega}{\dfrac{Q}{L}} = \frac{\omega}{AP_L} \tag{4-21}$$

在劳动价格保持不变的条件下,平均可变成本与劳动的平均产量呈反向的变动关系。在生产论中我们可知,平均产量是先增加后递减的倒 U 形曲线。因此,平均可变成本曲线呈

现先减少后增加的 U 形曲线。

平均成本曲线 AC 是 AFC 和 AVC 曲线的叠加,因此,它也是一条先递减后递增的 U 形曲线,与 AVC 曲线之间的距离为 AFC。随着产量增加,由于平均固定成本一直递减,平均可变成本先递减后递增,因此在平均可变成本递减阶段,平均成本曲线也处于递减阶段。但是平均可变成本处于最低点时,平均成本曲线还在下降,之后达到平均成本最低点且呈递增阶段,与 AVC 曲线逐渐接近,但永远不能相交。

3)边际成本与总成本和可变成本、平均成本和平均可变成本的关系

根据表 4-4 可以画出相应的边际成本曲线,如图 4-16 所示。边际成本曲线 MC 也是先递减后递增的 U 形曲线。根据定义:

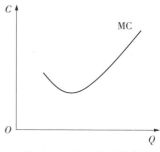

$$MC = \frac{\Delta VC}{\Delta Q} = \frac{\Delta(\omega L)}{\Delta Q} = \frac{\omega}{\frac{\Delta Q}{\Delta L}} = \frac{\omega}{MP_L} \quad (4-22)$$

图 4-16　边际成本曲线

在劳动价格保持不变的条件下,边际成本与劳动的边际产量成反比。在生产论中我们可知,边际产量是先增加后递减的倒 U 形曲线。因此,边际成本曲线呈现先减少后增加的 U 形曲线。

(1)边际成本与总成本和可变成本的关系

根据定义,边际成本是增加一单位产量所增加的总成本,因而边际成本越小,总成本增加的速度就越慢;反之,边际成本越大,总成本增加的速度就越快。由于总成本曲线是可变成本曲线垂直上移 TFC 得到的,因此上述分析也适用于边际成本曲线与可变成本曲线之间的关系。如图 4-17 所示,在边际报酬递减规律的作用下,随着产量由 O 到 Q_0,边际成本逐渐减少直至曲线最低点,而总成本和可变成本增长速度越来越慢,其曲线上升越来越缓;当产量超过 Q_0 之后,边际成本曲线递增,总成本和可变成本增加速度越来越快,其曲线上升越来越陡。

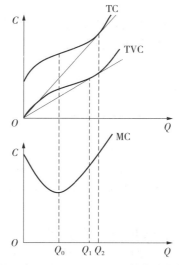

图 4-17　SMC,STC 和 VC 的关系曲线

（2）边际成本与平均成本和平均可变成本的关系

边际成本曲线与平均成本曲线和平均可变成本曲线相交,并且分别交于它们的最低点。

如图 4-18 所示,SMC 曲线交于 SAC 曲线最低点 N。在交点 N 上,SMC = SAC,即边际成本等于平均成本。在 N 点左侧,SAC 曲线在 SMC 曲线之上,且 SAC 一直递减,SAC > SMC,即平均成本大于边际成本;在 N 点右侧,SAC 曲线在 SMC 曲线之下,且 SAC 一直递增,SAC < SMC,即平均成本大于边际成本。这是因为,只有当边际成本小于平均成本的时候,平均成本才会下降;同样,也只有当边际成本大于平均成本的时候,平均成本才会上升,所以 SMC 会交于 SAC 的最低点。同理,SMC 曲线交于 AVC 曲线最低点 M。在交点 M 上,SMC = AVC,即边际成本等于平均可变成本。在 M 点左侧,AVC 曲线在 SMC 曲线之上,且 AVC 一直递减,AVC > SMC,即平均可变成本大于边际成本;在 M 点右侧,AVC 曲线在 SMC 曲线之下,且 AVC 一直递增,AVC < SMC,即平均可变成本大于边际成本。

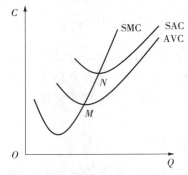

图 4-18　SMC,SAC 和 AVC 的关系曲线

4.6　长期成本分析

在长期中厂商可以对所有的生产要素进行调整,不存在固定不变的投入要素,因而长期中没有固定成本和可变成本之分,所有成本都是可变的。长期成本分为三类:长期总成本、长期平均成本和长期边际成本。

4.6.1　长期总成本

在长期中厂商可以对全部要素投入量的调整意味着对企业的生产规模的调整,即在长期中厂商总是可以在每一个产量水平上选择最优的生产规模进行生产。因此,长期总成本（Long-Run Total Cost,LTC）是指厂商在长期中在每一个产量水平上通过选择最优的生产规模所能达到的最低总成本。

长期总成本曲线可以用短期总成本曲线推导出来。

在图 4-19 中,有三条短期总成本曲线 STC_1,STC_2 和 STC_3,它们分别代表三个不同的生产规模。短期总成本曲线的纵截距表示相应的固定成本 TFC 的数量,而固定成本的多少(如厂房、机器设备等)往往表示生产规模的大小。因此,从三条短期总成本曲线所代表的生产规模看,STC_1 曲线最小,STC_2 曲线居中,STC_3 曲线最大。

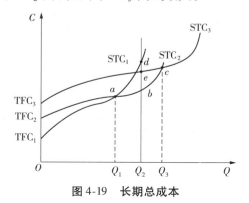

图 4-19 长期总成本

假定厂商生产的产量为 Q_2,那么在短期内,厂商可能面临 STC_1 曲线所代表的过小的生产规模或 STC_3 曲线所代表的过大的生产规模。于是,厂商只能按较高的总成本来生产产量 Q_2,即在 STC_1 曲线上的 d 点或 STC_3 曲线上的 e 点进行生产。但在长期,厂商可以变动全部的要素投入量,选择最优的生产规模,于是,厂商必然会选择 STC_2 曲线所代表的生产规模进行生产,从而将总成本降低到所能达到的最低水平,即厂商是在 STC_2 曲线上的 b 点进行生产。同理可知,在长期内,在 $0 \sim Q_1$ 时,厂商会选择 STC_1 曲线所代表的生产规模;在 $Q_1 \sim Q_3$ 时,厂商会选择 STC_2 曲线所代表的生产规模;在产量超过 Q_3 时,厂商会选择 STC_3 曲线所代表的生产规模。这样厂商就在每一个既定的产量水平实现了最低的总成本。

若假定长期中生产规模可以无限细分,即企业有无数条短期总成本曲线,且对应每一个短期都有一个最优生产规模和最低的短期总成本,则把每个产量对应的最低短期总成本点连接起来,就形成了图中的长期总成本曲线 LTC。长期总成本曲线 LTC 是从原点出发向右上方倾斜的曲线。当产量为零时,长期总成本为零,随着产量的增加,长期总成本是增加的。

长期总成本曲线是无数条短期总成本曲线的包络线。在这条包络线上,在每一个产量水平上,都存在着 LTC 曲线和一条 STC 曲线的相切点,该 STC 曲线所代表的生产规模就是生产该产量的最优生产规模,该切点所对应的总成本就是生产该产量的最低总成本。

4.6.2 长期平均成本

长期平均成本(Long-run Average Cost,LAC)是指长期中平均每单位产品所分摊到的成本。用公式表示为:

$$LAC = \frac{LTC}{Q} \tag{4-23}$$

长期平均成本曲线可以用短期平均成本曲线推导出来。

在图 4-20 中,三条短期平均成本曲线 SAC_1,SAC_2 和 SAC_3 分别代表了三个不同的生产规模。越往上,表示成本越高;越往右,表示规模越大。厂商根据产量的大小来确定其生产规模,从而使其平均成本达到最低。当产量等于 Q_1 时,厂商必然会选择 SAC_1 所代表的生产规模;当产量等于 Q_4 时,厂商必然会选择 SAC$_2$ 所代表的生产规模;当产量等于 Q_5 时,厂商必然会选择 SAC$_3$ 所代表的生产规模。如果产量为两条短期平均成本曲线交点对应的产量,如产量 Q_2,SAC$_1$ 和 SAC$_2$ 两种生产规模的生产成本相等,此时厂商选择最佳生产规模不仅要考虑使成本最低,而且应考虑市场需求的变化趋势。如果市场需求在未来不会扩大,那么应选 SAC$_1$ 的生产规模;如果市场需求将扩大,那么应选择 SAC$_2$ 的生产规模。

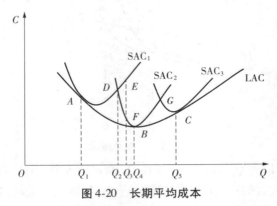

图 4-20　长期平均成本

在长期生产中,厂商总是可以在每一产量水平上找到相应的最优的生产规模进行生产。而在短期内,厂商做不到这一点。假定厂商现有的生产规模由 SAC$_1$ 曲线所代表,而他需要生产的产量为 Q_3,那么,厂商在短期内就只能以 SAC$_1$ 曲线上 E 点对应的平均成本来生产,而不可能是 SAC$_2$ 曲线上 F 点代表的更低的平均成本来生产。

由上述分析可见,对于 SAC$_1$,SAC$_2$ 和 SAC$_3$ 三个规模,对于每个产量厂商可以选择的规模是 D 点左侧的 SAC$_1$ 部分、DBG 组成的 SAC$_2$ 部分、G 点右侧的 SAC$_3$ 部分。若假定长期中生产规模可以无限细分,即企业有无数条短期平均成本曲线,且对应每一个短期都有一个最优生产规模和最低的短期平均成本,则把每个产量对应的最低短期平均成本点连接起来就形成了图中的长期平均成本曲线 LTC。

长期平均成本曲线是无数条短期平均成本曲线的包络线。在这条包络线上,每一个产量水平都存在 LAC 曲线和一条 SAC 曲线的相切点,该 SAC 曲线所代表的生产规模就是生产该产量的最优生产规模,该切点所对应的平均成本就是相应的最低平均成本。LAC 曲线表示厂商在长期内在每一产量水平上,通过选择最优生产规模所实现的最小的平均成本。

LAC 曲线呈现出 U 形的特征。在 LAC 曲线的下降段,LAC 曲线相切于所有相应的 SAC 曲线最低点的左边;在 LAC 曲线的上升段,LAC 曲线相切于所有相应的 SAC 曲线最低点的右边;只有在 LAC 曲线的最低点上,LAC 曲线才相切于相应的 SAC 曲线的最低点。

4.6.3　长期边际成本

长期边际成本(Long-run Marginal Cost,LMC)是指长期中每增加一单位产量所增加的长期总成本。用公式表示为:

$$LMC = \frac{\Delta LTC}{\Delta Q} \tag{4-24}$$

或

$$LMC = \frac{dLTC}{dQ} \qquad (4-25)$$

长期边际成本曲线是由长期总成本曲线推导出来的,是长期总成本曲线上各点的切线斜率值的轨迹。当长期总成本递减地增加时,LTC 曲线的斜率逐渐减少,所以长期边际成本下降;当长期总成本递增地增加时,LTC 曲线的斜率逐渐增大,所以长期边际成本上升;当长期总成本由递减地增加转为递增地增加时,即处于 LTC 曲线的拐点,LTC 曲线斜率最小,长期边际成本最小。因此,长期边际成本曲线是一条先下降后上升的 U 形曲线。

在图 4-21 中,长期边际成本曲线 LMC 与长期平均成本曲线 LAC 相交于 LAC 的最低点 E。在 E 点左侧,长期平均成本下降,且 LAC 曲线在 LMC 曲线之上,即 LAC > LMC;在 E 点右侧,长期平均成本上升,且 LAC 曲线在 LMC 曲线之下,即 LAC < LMC;在 E 点,LAC = LMC。

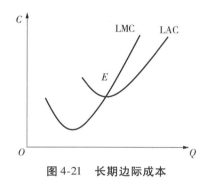

图 4-21　长期边际成本

◆本章小结

本章主要论述了生产过程中所涉及的成本问题,并在生产理论的基础上阐述成本理论。其中,成本相关概念是基础,成本之间的相互关系是重点。成本理论主要分为短期成本分析和长期成本分析。短期成本分析中,对成本理论的理解关键在于各大成本之间相互关系及其图形表现,而在长期成本分析中,主要了解常见的长期成本形成过程。

◆案　例

IBM 公司的长期成本

IBM 公司是世界上电子计算机的主要制造商,根据该公司的一项资料,公司生产某种型号计算机的长期总成本与产量之间的函数关系为 $C = 28\,303\,800 + 460\,800Q$。式中,$C$ 为总成本,Q 为产量。问题:

(1)如果该机型的市场容量为 1 000 台,并且所有企业的长期总成本函数相同,那么占有 50% 市场份额的企业比占有 20% 市场份额的企业具有多大的成本优势?

(2)长期边际成本为多少?

(3)是否存在规模经济?

分析:(1)因为总成本 $C = 28\,303\,800 + 460\,800Q$,若 Q 为 500,则平均成本为

$$(28\,303\,800 + 460\,800 \times 500) \div 500 = 517\,408(美元)$$

若 Q 为 200,则平均成本为

$$(28\,303\,800 + 460\,800 \times 200) \div 200 = 602\,319(美元)$$

所以,占有 50% 市场份额的企业的平均成本比占有 20% 市场份额的企业低 (602 319 −
517 408) ÷ 602 319 = 14.1% 。

（2）因为总成本 $C = 28\,303\,800 + 460\,800Q$,所以长期边际成本 MC = 460 800 美元。

（3）因为总成本 $C = 28\,303\,800 + 460\,800Q$,所以长期平均成本 AC = (28 303 800 +
460 800Q)/Q =28 303 800/Q + 460 800。由上式可以看出,Q 越大,平均成本则越小,所以存
在规模经济。

◆复习思考题

一、单选题

1. 生产要素（投入）和产量水平的关系称为（　　　）。

A. 生产函数　　　　　　　　　　　　B. 生产可能性曲线

C. 平均成本曲线　　　　　　　　　　D. 总成本曲线

2. 如果连续地增加某种生产要素,在总产量达到最大值的时候,边际产量曲线与（　　　）
相交。

A. 平均产量曲线　　　B. 纵轴　　　　　　C. 横轴　　　　　　　D. 总产量曲线

3. 当劳动（L）的总产量逐渐下降时,（　　　）。

A. APL 是递减的　　　　　　　　　　B. APL 为零

C. MPL 为零　　　　　　　　　　　　D. MPL 为负

4. 在总产量、平均产量和边际产量的变化过程中,下列（　　　）首先发生。

A. 边际产量下降　　　　　　　　　　B. 平均产量下降

C. 总产量下降　　　　　　　　　　　D. B 和 C

5. 边际报酬递减规律发生作用的前提条件是（　　　）。

A. 连续地投入某种生产要素而保持其他生产要素不变

B. 生产技术既定不定

C. 按比例同时增加各种生产要素

D. A 和 B

6. 当 APL 为正但递减时,MPL（　　　）。

A. 递减　　　　　　　B. 为负　　　　　　　C. 为零　　　　　D. 上述任何一种

7. 下列各说法中错误的是（　　　）。

A. 只要总产量减少,边际产量一定是负数

B. 只要边际产量减少,总产量一定也减少

C. 随着某种生产要素投入量的增加,边际产量和平均产量增加到一定程度将趋于下降,
其中边际产量的下降一定先于平均产量

D. 边际产量曲线一定在平均产量曲线的最高点与之相交

8. 等产量曲线（　　　）。

A. 说明了为生产一个给定的产出量而可能的各种投入要素的组合

B.除非得到所有要素的价格,否则不能画出该曲线

C.表明了投入与产出的关系

D.表示无论投入数量怎样变化,产出量都是一定的

9.等产量曲线上某一点的切线的斜率绝对值等于(   )。

A.预算线的斜率　　　　　　　　　B.等成本曲线的斜率

C.边际技术替代率　　　　　　　　D.边际报酬

10.当边际产量大于平均产量时(   )。

A.边际产量递增　　　　　　　　　B.边际产量递减

C.边际产量先递增后递减　　　　　D.平均产量达到最大点

11.如果某厂商增加2单位劳动使用量能够减少5单位资本,而仍生产同样的产出量,则 $MRTS_{L,K}$ 为(   )。

A. $-\dfrac{5}{2}$ 　　　　　B. 2 　　　　　C. -5 　　　　　D. $\dfrac{5}{2}$

12.假定某机器原来生产产品 A,利润为500元,现在改生产产品 B,所花的人工、材料费用为1 300元,则生产产品 B 的机会成本为(   )。

A.500元　　　　　B.800元　　　　　C.1 300元　　　　　D.1 800元

13.机会成本的经济含义是(   )。

A.使用一种资源的机会成本是放弃这种资源另一种用途的收入

B.放弃这种资源在其他用途中所能得到的最高收入

C.将其用于次优用途的收入

D.保证这种资源在现用途继续使用而必须支付的费用

14.下面关于总成本和边际成本的说法,哪一个是正确的? (   )

A.如果总成本上升,边际成本可能上升或下降

B.在边际成本的最低点,边际成本等于总成本

C.如果边际成本上升,则总成本一定上升

D.在总成本曲线的最低点,边际成本等于总成本

15.短期平均成本曲线呈 U 形的原因与(   )有关。

A.规模报酬　　　　　　　　　　　B.外部经济与不经济

C.要素的边际生产率　　　　　　　D.固定成本与可变成本所占比重

16.当边际成本上升时(   )。

A.要素平均产量下降　　　　　　　B.要素边际产量下降

C.平均成本上升　　　　　　　　　D.以上都对

17.在长期中,下列哪一项不存在? (   )

A.机会成本　　　　B.隐性成本　　　　C.平均成本　　　　D.固定成本

18.若某个产量的长期平均成本等于短期平均成本,但高于长期边际成本,则(   )。

A.规模报酬处于递减阶段　　　　　B.长期平均成本正在下降

C.短期平均成本最小　　　　　　　D.短期平均成本等于长期边际成本

19.长期平均成本曲线为 U 形的原因与(   )有关。

A.规模报酬　　　　　　　　　　　B.要素的边际生产率

C. 外部经济与外部不经济　　　　　　　D. 固定成本与可变成本所占比重

20. 假如增加一单位产量所带来的边际成本大于产量增加前的总成本,那么在产量增加后总成本(　　)。

A. 减少　　　　　　B. 增加　　　　　　C. 不变　　　　　　D. 都有可能

21. 下列说法正确的是(　　)。

A. 在短期内,随着产量的增加,总成本先递增地增加,后递减地增加

B. 短期内使平均产量最大的变动要素投入量,对应于平均成本最低的产量

C. 短期内使边际产量最大的要素投入量,对应于边际成本最低的产量

D. 短期内使平均产量最大的变动要素投入量,对应于边际成本最低的产量

二、计算题

1. 假设某厂商的短期生产函数为 $Q = 35L + 8L^2 - L^3$。

求:(1)该企业的平均产量函数的边际产量函数。

(2)如果企业使用的生产要素的数量为 $L = 6$,是否处于短期生产的合理区间? 为什么?

2. 已知生产函数 $Q = X^2 + 3XY + Y^2$,$PX = 6$,$PY = 8$。如果成本支出 $C = 132$ 单位货币,所能生产的最大产量是多少? 如果要生产的产量是495,最小成本是多少?

3. 填表:

Q	FC	TC	VC	AFC	AVC	AC	MC
0	120						
1		180					
2			80				
3							10
4		225					
5					28		
6							70

4. 假定某企业的短期成本函数是 $STC(Q) = Q^3 - 10Q^2 + 66$,求:

(1)指出该短期成本函数中的可变成本部分和不变成本部分。

(2)写出下列相应的函数:$TVC(Q)$、$SAC(Q)$、$AVC(Q)$、$AFC(Q)$、$SMC(Q)$。

(3)计算平均可变成本最小时的产量。

5. 假定某厂商的需求函数为 $Q = 6750 - 50P$,总成本函数为 $TC = 12000 + 0.025Q^2$,求:

(1)利润最大化时的产量和价格。

(2)最大利润。

第 5 章

完全竞争市场

◆ 学习目标

- 掌握完全竞争市场的特征、完全竞争市场的短期均衡。
- 掌握完全竞争市场的短期供给曲线。
- 了解完全竞争市场的长期均衡。
- 熟练掌握完全竞争市场的短期均衡,能够画图分析完全竞争市场的五种短期均衡状况,并结合企业实际情况进行生产决策分析。

◆ 知识点

完全竞争市场;垄断;垄断竞争;寡头垄断;生产者剩余

◆ 案例导入

红红火火的春联市场

贴春联是中国民间的一大传统,春节临近,春联市场红红火火,而在农村,此种风味更浓。

现有一农贸集市的春联市场中,需求者有 5 000 多农户,供给者为 70 多家零售商,市场中存在许多买者和卖者;供应商的进货渠道大致相同,且产品的差异性很小,产品具有高度同质性(春联所用纸张、制作工艺相同,区别仅在于春联所书写的内容不同);供给者进入退出没有限制;农民购买春联时的习惯是逐个询价,最终决定购买,信息充分;供应商的零售价格水平相近,一旦提价基本上销售量为零,降价会引起利润损失。原来,我国有着丰富文化内涵的春联,其销售市场结构竟是一个高度近似的完全竞争市场。

供应商在销售产品的过程中,都不愿意单方面降价。春联是农村过年的必需品,且购买春联的支出在购买年货的支出中只占很小的比例,因此其需求弹性较小。某些供应商为增加销售量、扩大利润而采取的低于同行价格的竞争方法,反而会使消费者认为其所经营的产品存在瑕疵(如上年库存、产品质量存在问题等),而不愿买。

该农村集贸市场条件简陋,春联商品习惯性席地摆放,大部分供应商都将春联放入透明的塑料袋中以保持产品质量。而少部分供应商则更愿意损失少部分产品,将其暴露于阳光下、寒风中,以此展示产品。因此,就产生了产品之间的鲜明对照。暴露在阳光下的春联更鲜艳,更能吸引消费者目光、刺激购买欲望,在同等价格下,该供应商销量必定高于其他同行。由此可见,在价格竞争达到极限时,价格外的营销竞争对企业利润的贡献不可小视。

在商品种类上,例如"金鸡满架"一类小条幅,批发价为 0.5 元/副,零售价为 2 元/副;小号春联批发价为 1 元/副,零售价为 3 元/副。因小条幅在春联中最为便宜且为必需品,统一价格保持五六年不变,因此消费者不对此讨价还价。小条幅春联共 7 类,消费者平均购买量为 3~4 类,总利润可达 6 元,并且人工成本较低。而小号春联相对价格较高,在春联支出中占比较大,讨价还价较易发生。由此,价格降低和浪费的时间成本会造成较大利润损失,对小号春联需求量较大的顾客也不过购买 7~8 副,总利润至多 20 元。因此,我们不难明白浙江的小小纽扣风靡全国、使一大批人致富的原因;也提醒我们,在落后地区发展劳动密集、技术水平低、生产成本低的小商品生产不失为一种快速而行之有效的致富方法。

春联市场是一个特殊的市场,时间性很强,仅在年前存在 10 天左右,供应商只有一次批发购进货物的机会。供应商对于该年购入货物的数量主要基于上年销售量和对新进入者的预期分析。如果供应商总体预期正确,则该春联市场总体商品供应量与需求量大致相同,则价格相对稳定。一旦出现供应商总体预期偏差,价格机制就会发挥巨大的作用,将会出现暴利或者亏损。

5.1　厂商和市场的类型

什么是市场? 市场是指从事物品买卖的交易场所或接洽点。一个市场可以是一个有形的买卖物品的交易场所,也可以是利用现代化通信工具进行物品交易的接洽点。从本质上讲,市场是物品买卖双方相互作用并得以决定其交易价格和交易数量的一种组织形式或制度安排。

任何一种交易物品都有一个市场。经济中有多少种交易物品,就相应地有多少个市场。例如,可以有石油市场、土地市场、大米市场、自行车市场、铅笔市场等。我们可以把经济中所有的可交易的物品分为生产要素和商品这两类,相应地,经济中所有的市场也可以分为生产要素市场和商品市场这两类。我们先在本章和下一章研究商品市场,至于生产要素市场将在第 7 章进行研究。在经济分析中,根据不同的市场结构的特征,将市场划分为完全竞争市场、垄断竞争市场、寡头市场和垄断市场四种类型。决定市场类型划分的主要因素有以下四个:第一,市场上厂商的数目;第二,厂商所生产的产品的差别程度;第三,单个厂商对市场价格的控制程度;第四,厂商进入或退出一个行业的难易程度。其中,可以认为,第一个因素和第二个因素是最基本的决定因素。在以后的分析中,我们可以体会到,第三个因素是第一个因素和第二个因素的必然结果,第四个因素是第一个因素的延伸。关于完全竞争市场、垄断竞争市场、寡头市场和垄断市场的划分及其相应的特征,可以用表 5-1 来概括。

表5-1　市场类型的划分和特征

市场类型	厂商数目	产品差别程度	对价格控制的程度	进出一个行业的难易程度	接近哪种商品市场
完全竞争	很多	完全无差别	没有	很容易	一些农业品
垄断竞争	很多	有差别	有一些	比较容易	一些轻工产品、零售业
寡头	几个	有差别或无差别	相当程度	比较困难	钢、汽车、石油
垄断	唯一	唯一的产品,且无相近的替代品	很大程度,但经常受到管制	很困难,几乎不可能	公用事业,如水、电

　　表5-1只是一个简单的说明,读者能从表中获得一个初步的印象就可以了。在以后对每一类市场进行考察时,我们会对每一类市场的特征做出详细的分析。

　　与市场这一概念相对应的另一个概念是行业。行业是指为同一个商品市场生产和提供商品的所有的厂商的总体。市场和行业的类型是一致的。例如,完全竞争市场对应的是完全竞争行业,垄断竞争市场对应的是垄断竞争行业,如此等等。

　　为什么在经济理论研究中要区分不同的市场结构呢?我们知道,市场的均衡价格和均衡数量取决于市场的需求曲线和供给曲线。消费者追求效用最大化的行为决定了市场的需求曲线,厂商追求利润最大化的行为决定了市场的供给曲线(这后一点将是本章分析的一个结论)。厂商的利润取决于收益和成本。其中,厂商成本主要取决于厂商的生产技术方面的因素(见第4章),而厂商的收益则取决于市场对其产品的需求状况。在不同类型的市场条件下,厂商所面临的对其产品的需求状况是不相同的。所以,在分析厂商的利润最大化的决策时,必须要区分不同的市场类型。

5.2　完全竞争厂商的需求曲线和收益曲线

5.2.1　完全竞争市场的条件

1)市场中有众多的卖者和买者

　　市场上有着大量买者和卖者,他们相互独立,任何一个买者和卖者都不能对市场价格施加影响。但是,他们的供求总量决定了市场的价格,就个别卖者和买者而言,都面临着一个既定的市场价格,他们都是价格的被动接受者。

　　就像大海中的水滴,多一滴水或者少一滴水,对于海水总量来讲影响力几乎微乎其微。正是由于市场中有着众多的卖者和买者,个别买者买或者不买、买多买少,对整个商品市场的需求总量来讲没有影响。个别卖者卖或者不卖、卖多卖少对整个市场的供给总量来说几乎也没有影响。这最终使每个市场参与者都成为市场价格的被动接受者,而接受的价格是由市场总供给和总需求决定的均衡价格。

2）产品完全同质无差异

某一种产品市场上所有的企业都提供相同的产品,也就是同质的、无差别的产品。它们在生产原料、生产过程、产品质量、包装、售前及售后服务、销售环境等与产品相关的所有方面都是完全一样的。也就是说,对消费者来说,购买任意一家厂商的产品都是完全一样的感受,所有厂商的产品特征都毫无差别,产品完全没有个性。

3）进出行业的自由

企业要进入或者退出该行业都很容易,可以自由地转移其主要生产要素投入,该行业几乎没有任何进入和退出壁垒。只要发生亏损,生产要素可以即刻从亏损企业退出来,迅速投入盈利企业。因此,完全竞争市场也被称为资源配置最有效率的市场。

4）充分完全的信息

市场中与商品相关的信息都可以完全地传递出来,因此,市场中每一个生产者和消费者都可以掌握与产品相关的所有信息。生产者不仅掌握相关的其他生产者的生产信息,同时对消费者的消费偏好和要求等信息都能及时掌握。而消费者同时也可以掌握生产者关于商品生产的一切相关信息。这样,每一个消费者和每一个生产者都可以根据自己所掌握的完全的市场信息,作出自己的最理性的经济决策,从而获得最大的经济效益。而且,由于每一个买者和卖者都知道既定的市场价格,都按照这一既定的市场价格进行交易,就排除了信息不通畅而可能导致的一个市场同时按照不同的价格进行交易的情况。

同时符合以上四个特征的市场被称为完全竞争市场。由以上分析可知,理论分析中所假设的完全竞争市场的条件是非常苛刻的。在现实经济生活中,真正符合以上四个条件的市场是不存在的。通常只是将一些农产品市场,如大米市场、小麦市场等,看成比较接近完全竞争市场。

5.2.2　完全竞争厂商的需求曲线

市场上对某一个厂商的产品的需求状况,可以用该厂商所面临的需求曲线来表示,该曲线也被简称为厂商的需求曲线。在完全竞争市场上,由于厂商是既定市场价格的接受者,因此,完全竞争厂商的需求曲线是一条由既定市场价格水平出发的水平线,如图 5-1 所示。在图 5-1(a)中,市场的需求曲线 D 和供给曲线 S 相交的均衡点所决定的市场的均衡价格为 P_1,相应地,在图 5-1(b)中,由给定的价格水平 P_1 出发的水平线 d_1 就是厂商的需求曲线。水平的需求曲线意味着:厂商只能被动地接受给定的市场价格,且厂商既没能力也没有必要去改变这一价格水平。

在完全竞争市场中,单个消费者和单个厂商无力影响市场价格,他们中的每一个人都是被动地接受既定的市场价格,但这些并不意味着完全竞争市场的价格是固定不变的。在其他一些因素的影响下,如经济中消费者收入水平的普遍提高,生产者技术水平的普遍提高等,使市场中大多数消费者的需求量或大多数生产者的供给量发生变化,供求曲线的位置就

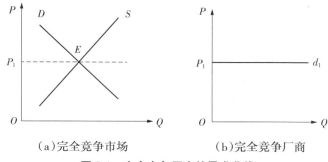

（a）完全竞争市场　　　　　（b）完全竞争厂商

图 5-1　完全竞争厂商的需求曲线

有可能发生移动,从而形成市场的新的均衡价格。在这种情况下,单个的完全竞争厂商也将面临水平出发的一条新的水平需求线,如图 5-2 所示。在图中,开始时的需求曲线为 D_1,供给曲线为 S_1,市场的均衡价格为 P_1,相应地,厂商的需求曲线是价格水平 P_1 出发的一条水平线 d_1。当消费者的需求量普遍增加时,需求曲线的位置由 D_1 移至 D_2;同时,生产者的供给量普遍增加导致供给曲线的位置由 S_1 移至 S_2,市场均衡价格上升为 P_2,于是相应地,厂商的需求曲线是由新的价格水平 P_2 出发的另一条水平线 d_2。

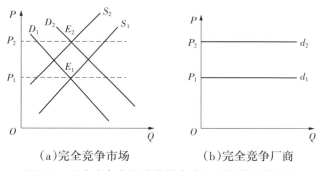

（a）完全竞争市场　　　　　（b）完全竞争厂商

图 5-2　完全竞争市场价格的变动和厂商的需求曲线

5.2.3　完全竞争厂商的收益曲线

1）厂商的收益的概念

厂商的收益就是厂商的销售收入。厂商的收益可以分为总收益、平均收益和边际收益,它们的英文简写分别为 TR、AR 和 MR。总收益函数 TR 是关于销售量 Q 的函数,AR 和 MR 都是通过 TR 对 Q 作用后得出的,因此,AR 和 MR 也都是关于 Q 的函数。

总收益指厂商按一定价格出售一定数量产品时所获得的全部销售收入。以 P 表示既定的市场价格,以 Q 表示销售总量,总收益的定义公式为:

$$TR(Q) = P \cdot Q$$

平均收益指厂商在平均每一单位产品销售上所获得的收入。平均收益的定义公式为:

$$AR(Q) = \frac{TR(Q)}{Q} = \frac{P \cdot Q}{Q} = P$$

边际收益指厂商增加一单位产品销售所获得的总收入的增量。边际收益的定义公式为:

$$\mathrm{MR}(Q) = \frac{\Delta \mathrm{TR}(Q)}{\Delta Q}$$

或者

$$\mathrm{MR}(Q) = \lim_{\Delta Q \to 0} \frac{\Delta \mathrm{TR}(Q)}{\Delta Q} = \frac{\mathrm{d}\mathrm{TR}(Q)}{\mathrm{d}Q} = \frac{\mathrm{d}(P \cdot Q)}{\mathrm{d}Q} = P$$

由此可知,每一销售水平上的边际收益值就是相应的总收益曲线的斜率。

2)完全竞争厂商的收益曲线

在分析中,假定厂商的销售量等于厂商所面临的需求量。这样,完全竞争厂商的需求曲线又可以表示为:在每一个销售量上,厂商的销售价格是固定不变的,于是,我们必然会有厂商的平均收益等于边际收益,且等于既定的市场价格的结论,即必有 AR = MR = P。完全竞争厂商的平均收益 AR 曲线、边际收益 MR 曲线和需求曲线 d 三条线重叠,它们都用同一条由既定价格水平出发的水平线来表示。

5.2.4 厂商实现利润最大化的均衡条件

厂商生产的目的是追求利润最大化,那么,利润最大化的原则是什么?

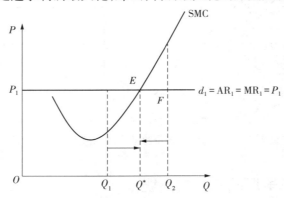

图 5-3 完全竞争市场的短期均衡

先利用图 5-3 来分析厂商实现最大利润的生产均衡点。图中,有某一完全竞争厂商的一条短期生产的边际成本 SMC 曲线和一条由既定价格水平 P_1 出发的水平的需求曲线 D_1,这两条线相交于 E 点。一般称,E 点就是厂商实现最大利润的生产均衡点,相应的产量 Q^* 就是厂商实现最大利润时的均衡产量。这是因为,当产量小于均衡产量 Q^*,例如为 Q_1 时,厂商的边际收益大于边际成本,即有 MR > SMC。这表明厂商增加一单位产量所带来总收益的增加量大于所付出的总成本的增加量,也就是说,厂商增加产量是有利的,可以使利润得到增加。因此,如图中指向右方的箭头所示,只要 MR > SMC,厂商就会增加产量。同时,随着产量的增加,厂商的边际收益 MR 保持不变而厂商的边际成本 SMC 是逐步增加的,最后,MR > SMC 的状况会逐步变化成 MR = SMC 的状况。在这一过程中,厂商得到了扩大产量所带来的全部好处,获得了他所能得到的最大利润。相反,当产量大于均衡产量 Q^*,例如为 Q_2 时,厂商的边际收益小于边际成本,即有 MR < SMC。这表明厂商增加一单位产量所带来的总收益的增加量小于所付出的总成本的增加量,也就是说,厂商增加产量是不利的,

会使利润减少。因此,如图中指向左方的箭头所示,只要 MR < SMC,厂商就会减少产量。同时,随着产量的减少,厂商的边际收益仍保持不变,而厂商的边际成本 SMC 是逐步下降的,最后 MR < SMC 的状况会逐步变成 MR = SMC 的状况。在这一过程中,厂商所获得的利润逐步达到最高的水平。

由此可见,不管是增加产量还是减少产量,厂商都是在寻找能够带来最大利润的均衡产量,而这个均衡产量就是使 MR = SMC 的产量。因此,边际收益 MR 等于边际成本 MC 是厂商实现利润最大化的均衡条件。

5.2.5　完全竞争厂商的短期均衡和短期供给曲线

1)完全竞争厂商的短期均衡

在完全竞争厂商的短期生产中,市场的价格是给定的,短期生产中的固定成本是无法变动的,即生产规模也是给定的。因此,在短期,厂商是在给定的生产规模下,通过对产量的调整来实现 MR = SMC 的利润最大化的均衡条件。

当厂商实现 MR = SMC 时,有可能获得利润,也可能亏损。把各种可能的情况都考虑在内,完全竞争厂商的短期均衡可以具体表现为图 5-4 中的五种情况。

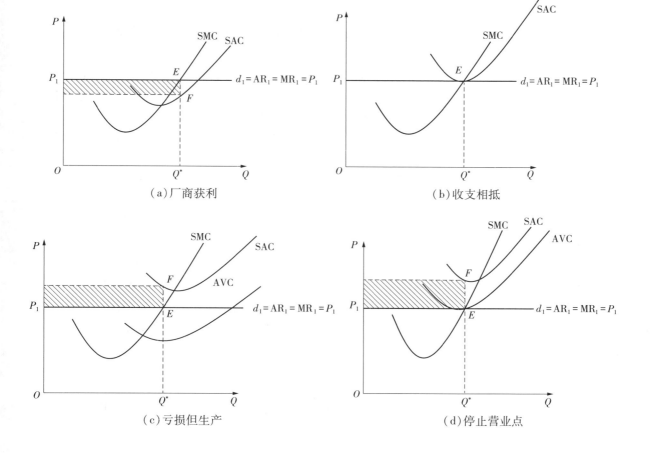

（a）厂商获利　　　　　　　　　　　（b）收支相抵

（c）亏损但生产　　　　　　　　　　（d）停止营业点

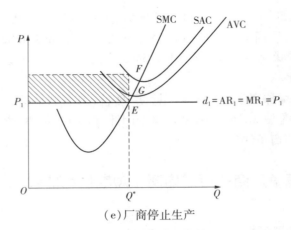

（e）厂商停止生产

图 5-4　短期均衡五种情况

在图 5-4（a）中，根据 MR＝SMC 的利润最大化的均衡条件，厂商利润最大化的均衡点为 MR 曲线和 SMC 曲线的交点，相应的均衡产量为 Q^*。在 Q^* 的产量上，平均收益为 EQ^*，平均成本为 FQ^*。由于平均收益大于平均成本，厂商获得利润。在图中，厂商的单位产品的利润为 EF，产量为 OQ^*，两者的乘积 $EF \cdot OQ^*$ 等于总利润量，相当于图中的阴影部分的面积。

在图 5-4（b）中，厂商的需求曲线 d 相切于 SAC 曲线的最低点，这一点是 SAC 曲线和 SMC 曲线的交点，恰好也是 MR＝SMC 的利润最大化的均衡点 E。在均衡产量 Q^* 上，平均收益等于平均成本，都为 EQ^*，厂商的利润为零，但厂商的正常利润实现了。由于在这一均衡点上，厂商既无利润，也无亏损，因此，该均衡点也被称为厂商的收支相抵点。

在图 5-4（c）中，由均衡点和均衡产量 Q^* 可知，厂商的平均收益小于平均成本，厂商是亏损的，其亏损量相当于图中的阴影部分的面积。但由于在 Q^* 的产量上，厂商的平均收益 AR 大于平均可变成本 AFC，因此，厂商虽然亏损，但仍继续生产。

在图 5-4（d）中，厂商的需求曲线 d 相切于 AVC 曲线的最低点，这一点是 AVC 曲线和 SMC 曲线的交点，恰好也是 MR＝SMC 的利润最大化的均衡点。在均衡产量 Q^* 上，厂商是亏损的，其亏损相当于图中的阴影部分的面积。此时，厂商的平均收益 AR 等于平均可变成本 AVC，厂商可以继续生产，也可以不生产，也就是说，厂商生产或不生产的结果都是一样的。由于在这一均衡点上，厂商处于关闭企业的临界点，因此，该均衡点也被称作停止营业点或关闭点。

在图 5-4（e）中，在均衡产量 Q^* 上，厂商的亏损量相当于阴影部分的面积。此时，厂商的平均收益 AR 小于平均可变成本 AVC，厂商将停止生产。这是因为，在这种亏损情况下，如果厂商还继续生产，则全部收益连可变成本都无法全部弥补，更谈不上对不变成本的弥补了。而事实上只要厂商停止生产，可变成本就可以降为零。显然，此时不生产要比生产强。

综上所述，完全竞争厂商短期均衡的条件是：

$$MR = SMC$$

式中，MR＝AR＝P。在短期均衡时，厂商如果获利则获得最大利润，如果亏损则是最小亏损。

2）完全竞争厂商的短期供给曲线

对完全竞争厂商来说,有 $P = \mathrm{MR}$,因此,完全竞争厂商的短期均衡条件又可以写成 $P = \mathrm{MC}(Q)$。 此式可以这样理解:在每一个给定的价格水平 P,完全竞争厂商应该选择最优的产量 Q,使得 $P = \mathrm{MC}(Q)$ 成立,从而实现最大的利润。这意味着在价格 P 和厂商的最优产量 Q(即厂商愿意而且能够提供的产量)之间存在着一一对应的关系。现将图 5-4 关于厂商短期均衡的五种可能的情况置于一张图中进行分析,见图 5-5(a)。

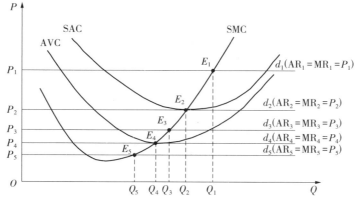

（a）完全竞争厂商的短期供给线推导

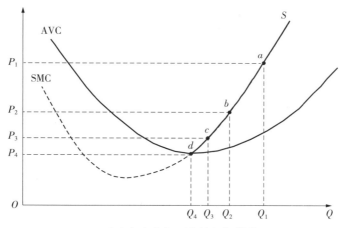

（b）完全竞争厂商的短期供给

图 5-5　短期均衡分析情况

仔细地分析一下,可以看到,当市场价格分别为 P_1,P_2,P_3 和 P_4 时,厂商根据 $\mathrm{MR} = \mathrm{SMC}$(即 $P = \mathrm{SMC}$)的原则,选择的最优产量顺次为 Q_1,Q_2,Q_3 和 Q_4。很清楚,SMC 曲线上的 E_1,E_2,E_3 和 E_4 点明确地表示了这些不同的价格水平与相应的不同的最优产量之间的对应关系。但必须注意到,厂商只有在 $P \geqslant \mathrm{AVC}$ 时,才会进行生产,而在 $P < \mathrm{AVC}$ 时,厂商会停止生产。因此,厂商的短期供给曲线应该用 SMC 曲线上大于和等于 AVC 曲线最低点的部分来表示,即用 SMC 曲线大于和等于停止营业点的部分来表示。如图 5-5(b)所示,图中 SMC 曲线上的实线部分就是完全竞争厂商的短期供给曲线 $S = S(P)$,该线上的 a,b,c 和 d 点分别与图 5-5(a)中 SMC 曲线上的 E_1,E_2,E_3 和 E_4 点相对应。

由图 5-5（b）可见,完全竞争厂商的短期供给曲线是向右上方倾斜的,它表示了商品的价格和供给量之间同方向变化的关系。更重要的是,完全竞争厂商的短期供给曲线表示,厂商在每一个价格水平的供给量都是能够给他带来最大利润或最小亏损的最优产量。

3）生产者剩余

生产者剩余指厂商在提供一定数量的某种产品时实际接受的总支付和愿意接受的最小总支付之间的差额。它通常用市场价格线以下、厂商的供给曲线以上（即 SMC 曲线的相应部分）表示,如图 5-6 中的阴影部分面积所示。其原因在于:在生产中,只要每一单位产品的价格大于边际成本,厂商进行生产总是有利的。这时,厂商就可以得到生产者剩余。因此,在图 5-6 中,在生产零到最大产量 Q_0 之间的价格线以下和供给曲线构成生产者剩余。

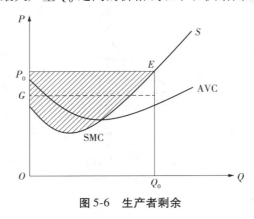

图 5-6　生产者剩余

5.2.6　完全竞争行业的短期供给曲线

在任何价格水平上,一个行业的供给量等于行业内所有厂商的供给量的总和。据此,假定生产要素的价格不变,则一个行业的短期供给曲线由该行业内所有厂商的短期供给曲线的水平相加得到。

假定某完全竞争行业中有 1 万个相同的厂商,每个厂商都具有相同的短期成本曲线和相应的短期供给曲线。将这 1 万个相同的厂商的短期成本曲线水平相加,便得到行业的短期供给曲线 S。很清楚,在每一个价格水平,行业的供给量等于这 1 万个厂商的供给量的总和。

将厂商的短期供给函数和行业的短期供给函数之间的关系用公式表示为:

$$S(P) = \sum_{i=1}^{n} S_i(P)$$

式中, $S_i(P)$ 为第 i 个厂商的短期供给函数; $S(P)$ 表示行业的短期供给函数。

显然,完全竞争行业的短期供给曲线保持了完全竞争厂商的短期供给曲线的基本特征。这就是,行业的短期供给曲线也是向右上方倾斜的,它表示市场的产品价格和市场的短期供给量呈同方向的变动。而且,行业的短期供给曲线上与每一价格水平相对应的供给量都是可以使全体厂商在该价格水平获得最大利润或最小亏损的最优产量。

5.2.7 完全竞争厂商的长期均衡

在完全竞争厂商的长期生产中,所有的生产要素都是可变的,厂商可以通过对全部生产要素的调整,来实现 MR = LMC 的利润最大化的均衡原则。在完全竞争市场价格给定的条件下,厂商在长期生产中对全部生产要素的调整可以表现为两个方面:一方面表现为对最优的生产规模的选择;另一方面表现为进入或退出一个行业的决策。

1)厂商对最优生产规模的选择

首先分析厂商在长期生产中对最优生产规模的选择。利用图 5-7 加以说明。

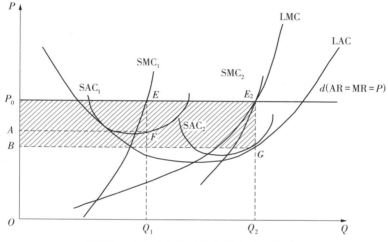

图 5-7 完全竞争厂商的最优生产规模选择

在图中,假定完全竞争市场的价格为 P_0。在 P_0 的价格水平,厂商应该选择哪一个生产规模,才能获得最大的利润呢? 在短期内,假定厂商已拥有的生产规模以 SAC 和曲线 SMC 所表示。由于在短期内生产规模是给定的,因此,厂商只能在既定的生产规模下进行生产。根据 MR = SMC 短期利润最大化的均衡条件,厂商选择的最优产量为 Q_1,所获得的利润为图中较小的那一块阴影部分的面积 P_0EFA。而在长期内,情况就不相同了。在长期内,根据 MR = LMC 长期利润最大化的均衡条件,厂商会达到长期均衡点 E_2,并且选择 SAC$_2$ 曲线和 SMC$_2$ 曲线所代表的最优生产规模进行生产,相应地,最优产量 Q_2 所获得的利润为图中较大的那一块阴影部分的面积 P_0E_2GB。很清楚,在长期,厂商通过对最优生产规模的选择,使自己的状况得到改善,从而获得了比在短期内所能获得的更大的利润。

2)厂商进出一个行业

厂商在长期生产中进入或退出一个行业,实际上是生产要素在各个行业之间的调整,生产要素总是会流向能获得更大利润的行业,也总是会从亏损的行业退出。正是行业之间生产要素的这种调整,使完全竞争厂商长期均衡时的利润为零。当厂商处于亏损时期时,行业内原有厂商中的一部分将即刻退出该行业的生产。随着行业内厂商数量的逐步减少,市场的产品供给就会减少,市场价格就会逐步上升。只有当市场价格水平上升到使单个厂商的亏损消失即利润为零时,原有厂商的退出才会停止;反之亦然。总之,不管是新厂商的进入,还是原有厂商的退出,这种调整最后一定会使市场价格达到等于长期平均成本的最低点的水平,在这一价格水平,行业内的每个厂商既无利润,也不亏损。于是,厂商失去了进入或退出该行业的动力,行业内的每个厂商都实现了长期均衡。

完全竞争厂商的长期均衡出现在 LAC 曲线的最低点。这时,生产的平均成本降到长期平均成本的最低点,商品的价格也等于最低的长期平均成本。

最后,我们得到完全竞争厂商的长期均衡条件为:

$$MR = LMC = SMC = LAC = SAC$$

式中,$MR = AR = P$。此时,单个厂商的利润为零。

◆ 本章小结

完全竞争市场中的厂商需求曲线同时也是厂商的平均收益曲线和边际收益曲线。

$MR = MC$ 是厂商利润极大化的条件,在市场化环境不佳时,它是厂商亏损最小化的均衡条件。理性化的厂商会按照这一原则来确定自己的产量。

厂商和行业的长期均衡条件是以短期均衡条件为基础的,长期均衡条件下的厂商超额利润为零。超额利润为零是厂商之间完全竞争的结果。

从厂商的长期均衡可以看出,厂商是以可能的最低成本进行生产的。这表明完全竞争市场中,资源得到了最充分的利用,资源发挥了最大的收益。

就长期来说,厂商的产品价格与平均生产成本相等。这表明产品价格降到了可能的最低水平,消费者可以按照可能的最低价格购买商品,意味着消费者在既定收入条件下得到了最大满足。

在完全竞争市场条件下,每个厂商都能够按照既定价格售出所生产的全部产品,无须支出大量广告费用,因而可以节约资源。

◆ 案 例

生意冷清的餐馆和淡季的小型高尔夫球场

你是否曾经走进一家餐馆吃午饭,发现里面几乎没人?你会问,为什么这种餐馆还要开门呢?看来几个顾客的收入不可能弥补餐馆的经营成本。

在做出是否经营的决策时,餐馆老板必须记住固定与可变成本的区分。餐馆的许多成本,如租金、厨房设备、桌椅、盘子、餐具等都是固定的。在午餐时停止营业并不能减少这些成本。当老板决定是否提供午餐时,只有可变成本,如增加的食物价格和额外的侍者工资等是相关的。只有在午餐时从顾客中得到的收入少到不可能弥补餐馆的可变成本时,老板才会在午餐时间关门。

夏季度假区小型高尔夫球场的经营者也面临着类似的决策。由于不同的季节收入变动很大,企业必须决定什么时候开门和什么时候关门,这与固定成本(购买土地和建球场的成本)无关。只要在一年的这些时间收入大于成本,小型高尔夫球场就要开业经营。

◆复习思考题

一、单选题

1.市场上厂商的数目很多,厂商之间各自提供的产品有差别,厂商对价格有一定的控制权,厂商进入或退出一个行业比较容易,以上描述的是(　　)市场的特征。

A.完全竞争　　　　B.垄断竞争　　　　C.垄断　　　　D.寡头

2.根据完全竞争市场的条件,下列(　　)最接近完全竞争行业。

A.自行车行业　　　B.服装行业　　　C.玉米行业　　　D.烟草行业

3.在短期内,(　　)是完全竞争厂商的关闭点。

A.SAC曲线与SMC曲线的交点　　　B.MR曲线与SMC曲线的交点

C.AVC曲线与SMC曲线的交点　　　D.MR曲线与AVC曲线的交点

4.在短期内,(　　)是完全竞争厂商的收支相抵点。

A.SAC曲线与SMC曲线的交点　　　B.MR曲线与SMC曲线的交点

C.AVC曲线与SMC曲线的交点　　　D.MR曲线与AVC曲线的交点

5.在MR=MC的均衡产量上,企业(　　)。

A.必然得到最大利润

B.必然得到最小利润

C.若获利,则利润最大;若亏损,则亏损最小

D.不可能亏损

6.如果在厂商的短期均衡产量上,AR小于SAC,但大于AVC,则厂商(　　)。

A.亏损,立即停产　　　　　　　B.亏损,但继续生产

C.亏损,生产或不生产都可以　　　D.获得正常利润,继续生产

7.完全竞争厂商的短期供给曲线应是(　　)。

A.SMC曲线上超过停止营业点的部分

B.SMC曲线上超过收支相抵点的部分

C.SMC曲线的上升部分

D.SMC曲线上的停止营业点和超过停止营业点的部分

8.在(　　)条件下,厂商的AR曲线、MR曲线和需求曲线d三条线是重叠的。

A.完全竞争　　　B.垄断竞争　　　C.垄断　　　D.寡头

9.完全竞争与不完全竞争的区别包括(　　)。

A.如果在某一行业中存在许多厂商,则这一市场是完全竞争的

B.如果厂商所面临的需求曲线是向下倾斜的,则这一市场是不完全竞争的

C.如果行业中所有厂商生产相同的产品,且厂商数目大于1,则这个市场是不完全竞争的

D.如果某一行业中有不止一家厂商,并且它们都生产相同的产品,都有相同的价格,则这个市场是完全竞争的

10.已知某企业生产的商品价格为10元,平均成本为11元,平均可变成本为8元,则该企业在短期内(　　)。

A. 停止生产且亏损　　　　　　　　　B. 继续生产且存在利润

C. 继续生产但亏损　　　　　　　　　D. 停止生产且不亏损

11. 某企业生产的商品价格为 12 元,平均成本为 11 元,平均可变成本为 8 元,则该企业在短期内(　　)。

A. 停止生产且亏损　　　　　　　　　B. 继续生产且存在利润

C. 继续生产但亏损　　　　　　　　　D. 停止生产且不亏损

12. 某企业生产的商品价格为 6 元,平均成本为 11 元,平均可变成本为 8 元,则该企业在短期内(　　)。

A. 停止生产且亏损　　　　　　　　　B. 继续生产且存在利润

C. 继续生产但亏损　　　　　　　　　D. 停止生产且不亏损

13. 在西方经济学中,(　　)市场模型通常被用来作为判断其他类型市场的经济效率高低的标准。

A. 完全竞争　　　　B. 垄断竞争　　　　C. 垄断　　　　D. 寡头

二、多选题

1. 在厂商的停止营业点上,应该有(　　)。

A. 利润为零　　　　B. $P = AVC$　　　　C. $AR = AVC$　　　　D. 总亏损 = TFC

2. 当一个完全竞争行业实现长期均衡时,每个企业(　　)。

A. 都实现了正常利润　　　　　　　　B. 经济利润都为零

C. 行业中没有任何企业进入　　　　　D. 行业中没有任何企业退出

3. 市场结构的基本类型有(　　)。

A. 完全垄断市场　　B. 寡头垄断市场　　C. 生产要素市场　　D. 垄断竞争市场

4. 具有(　　)特点的市场是完全竞争市场。

A. 大量的卖者　　　B. 同质的产品　　　C. 资源自由流动　　D. 完全信息

5. 在完全竞争条件下,市场价格处于厂商的平均成本的最低点,厂商实现短期均衡,此时厂商将(　　)。

A. 获得最大利润　　　　　　　　　　B. 不能获得最大利润

C. 无法确定厂商的利润情况　　　　　D. 获得正常利润

三、判断题

1. 厂商的收益就是厂商的销售收入。　　　　　　　　　　　　　　　　　(　　)

2. 完全竞争厂商在任何商品销售量水平上都有:$AR = MR = P$。　　　　　(　　)

3. 在任何情况下,只要厂商实现了 $MR = MC$,厂商就一定能获得利润。　　(　　)

4. 完全竞争厂商的 SMC 曲线上等于和高于 AVC 曲线的部分,就是完全竞争厂商的短期供给曲线。　　　　　　　　　　　　　　　　　　　　　　　　　(　　)

5. 完全竞争厂商所面临的需求曲线是一条水平线,它表示,完全竞争厂商可以通过改变销售量来影响商品价格。　　　　　　　　　　　　　　　　　　　　　(　　)

6. 如果企业没有经济利润,就不应当生产。　　　　　　　　　　　　　　(　　)

7. 完全竞争厂商短期供给曲线就是整条 MC 线。　　　　　　　　　　　　(　　)

四、计算题

已知某完全竞争行业中的单个厂商的短期成本函数 $STC = 0.1Q^3 - 2Q^2 + 15Q + 10$，试求：

（1）当市场上产品的价格为 $P = 55$ 时，厂商的短期产量和利润。

（2）当市场价格下降到多少时，厂商必须停产。

（3）厂商的短期供给函数。

第6章

不完全竞争市场

◆学习目标

- 掌握不完全竞争市场的特征和种类。
- 掌握完全垄断市场的特征。
- 掌握完全垄断市场的均衡。
- 掌握寡头垄断和垄断竞争的特征。

◆知识点

不完全竞争市场;垄断;寡头垄断;垄断竞争

◆案例导入

苹果公司是垄断吗?

2019 年 5 月,美国最高法院裁定,消费者和应用程序开发者可以起诉苹果在 iOS 系统上植入的应用市场"涉嫌垄断"。苹果尚未面临正式的反垄断诉讼,但一项调查显示许多科技从业者认为苹果的应用市场涉嫌垄断。

有人在网上发起了一项问卷调查:苹果的应用商店是垄断吗? 超过 1 万名科技从业者,包括大量来自苹果公司的员工填写了问卷。这一切的疑问源自苹果的应用市场政策禁止第三方的软件市场在 iOS 系统上运行,因此应用开发人员只能通过苹果提供的官方应用市场上传他们开发的应用软件,而用户也只能通过同样的渠道下载并使用它们。提供平台和服务的苹果公司则对应用软件的收入收取大量的提成,使苹果公司成为应用市场最大的赢家,而软件开发商反而只能拿到小部分的收益,这让部分开发商和用户感到深深的不公。

在这次的网络问卷调查中,74.9% 的苹果员工认为,苹果的应用市场不是垄断,包括公开对苹果的垄断问题做出回应的 CEO 蒂姆库克。即便如此,依然有 15.1% 的苹果员工也认为苹果的应用市场涉嫌对市场进行垄断。

但对于那些与苹果公司有竞争关系甚至有纠纷的公司,它们的员工对苹果的应用市场则自然大多持负面态度。例如,和苹果有两年专利纠纷的高通公司就有85%的员工认为苹果的应用市场是垄断的。同时,作为苹果公司在线音乐市场主要对手的Spotify(声田)公司则已经在欧盟对苹果进行了不正当竞争诉讼,因此82.8%的Spotify员工认为苹果的应用市场是不公平的,丝毫不使人感到意外。而与苹果没有竞争关系的网约车服务商Lyft(来福车)则对苹果态度温和,只有18.6%的员工对苹果的应用市场给出了负面评价。

即便这项问卷调查的结果无法代表官方对苹果垄断应用市场这一问题的态度,这次调查也足以体现科技从业者们对苹果的垄断问题所持有的看法。虽然在智能手机市场上苹果只占有不到15%的市场份额,但在带来更大利润的应用市场,苹果用严格的软件市场政策将自己推向了风口浪尖。

6.1 不完全竞争:理想与现实

本书在上一章介绍了完全竞争的概念:数量众多的企业在同一市场之中展开竞争,产品之间的差异甚小,单一企业所占的市场份额非常有限,因此不具备影响价格的能力,只能被动地接受价格。然而,完全竞争市场的条件过于苛刻,现实中接近完全竞争的市场已是屈指可数,严格符合条件的完全竞争市场更是几乎不存在。因此,完全竞争市场更多的是作为一种理想的市场模型而存在。实际上,当消费者走进大型的超市,虽然货架上的零食种类繁多,口味五花八门,但它们多来自几个甚至一两个大品牌。这样的市场在现实中广泛存在且不符合完全竞争市场的定义,经济学家将其称为不完全竞争市场。

首先,还是将市场以完全竞争、完全垄断、寡头垄断、垄断竞争四种类型做出基本的划分。除了完全竞争以外,其他三种市场类型都可以被归类到不完全竞争市场之中。如何去判断一个市场是否是不完全竞争只需要分析该市场的特征是否与完全竞争市场相符,而任何无法符合完全竞争的理想标准的市场都将被视为不完全竞争市场。在理想化的完全竞争的市场环境下,无数的厂商销售着完全无差异的商品,它们能够自由地进入或退出市场。但当长期均衡达成之后,任何厂商都无法获得超额利润。那么,是什么使一个市场的竞争不完全?那就是假设当市场上的商品不再同质化,厂商通过生产和供给与其他竞争者不同的产品来获得竞争优势,继而获得更大的市场份额和更高的利润。在残酷的竞争之中部分厂商脱颖而出,成为市场的佼佼者,建立起市场壁垒阻碍竞争者的出现,以达到自身利润的最大化。在这样不完全的竞争环境之中,厂商不再是价格的被动接受者,而或多或少地对价格有一定的控制力和影响力,能通过自主的定价来实现自身利益的最大化。

在这个章节中,我们将走出理想的完全竞争市场,走进现实的不完全竞争市场,对完全垄断、寡头垄断和垄断竞争这三种不完全竞争市场进行详细的解释和剖析。

6.2 完全垄断市场

6.2.1 完全垄断市场的特征

1)市场中只存在唯一的厂商

在完全竞争的假想之中,一个完全竞争市场理应存在着大量的卖者,一个卖者的进入和退出对总量并无实际的影响。而完全垄断市场则恰恰相反,该市场只存在一家厂商,换言之,该行业由该厂商构成,消费者没有选择厂商的权力,只能选择购买或是放弃购买。

常见的完全垄断市场有特定地区的供水、供电及有线电视服务,消费者只能根据自身住宅所在的区域向对应的自来水公司、电力公司、有线电视服务商购买相应的商品或服务,无法货比三家、精挑细选。

2)厂商的产品没有替代品

许多商品都有着一定的替代品,即使该商品在该市场只有唯一的厂商,消费者也可以通过选择替代品来满足自身的需求。但完全垄断市场的产品没有替代品,因此不存在竞争对手。以自来水为例,大部分的城市居民无法找到干净自来水的替代品,因而只能选择从对应地区的自来水公司购入干净的自来水作为生活用水。

3)厂商是价格的制订者

由于不存在竞争对手,厂商有机会大胆地通过各种方式制订价格来实现自身利益的最大化。例如,以孟山都为代表的生物技术企业由于对其生产的抗虫病的蔬菜种子具有完全的垄断,因而可以自由地制订种子的价格来确保利润最大化。为了对抗虫病,农夫只能被动地接受价格,从企业手中购买高价的种子,否则将承担虫病造成蔬菜大量减产的风险。

4)市场存在壁垒

即使某一市场在特定时间点只存在唯一的厂商,也无法武断地将其视为完全垄断市场,必须存在一个进入壁垒让其他厂商无法或者难以进入,确保该市场在很长一段时间都只有唯一的厂商才能称为完全垄断市场。壁垒形成的原因有许多,如政府特许经营、技术垄断、资源垄断和自然垄断等。

历史上最早的垄断就来源于特许经营,欧洲王室通过对个别厂商或者公司颁发皇家特许证赋予它们生产某种商品或者经营某种业务的独家特权,如英国东印度公司等。

技术壁垒可指由专利权在法律上赋予的垄断壁垒,也可指由于该技术只被单一厂商掌握而产生的壁垒。例如,部分重症的特效药生产技术只由拜尔制药等顶级医药巨头掌握,其他企业难以复制生产技术或自行突破技术难关,因而形成了技术壁垒。

资源垄断发生在一家企业完全控制了该产品生产过程中的某一必要资源的供给,因此其他厂家无法对该产品进行生产,继而无法进入该市场。由于国际贸易的存在,现实中的厂商通过资源垄断构筑壁垒。比较具有代表性的是戴比尔斯公司在 20 世纪通过说服或强迫个体钻石开采商加入,使 90% 的钻石进入戴比尔斯,大部分珠宝加工商只能从戴比尔斯购买经过初步加工的钻石。

自然垄断则与规模经济紧密关联,该行业的产品的生产和经营具有很强的规模经济性,即使一开始有数家厂商生产该产品,一旦有一家企业率先通过规模经济产生了成本优势,其他厂商就会由于劣势而逐渐退出市场,从而使一家企业完成自然垄断并享受规模经济所产生的壁垒。如供电业,当一家电力公司已经构建好供电设备和供电网络并达到了规模经济后,其他企业会自然地因为进入该地区需要付出高额的费用完成供电系统的建设而放弃进入,因此大部分地区的电力供应通常由一家公司提供。

6.2.2　完全垄断厂商的需求曲线与收益曲线

1）完全垄断厂商的需求曲线与平均收益曲线

由于在完全垄断市场中,一个行业只有一个厂商,因此该厂商的需求曲线就是该行业的需求曲线。而由于完全垄断厂商具有定价权,因此可以自行定制产品价格,主动地控制该产品的需求量。

与此同时,由于市场需求曲线就是平均价格线,同时市场平均收益曲线等于平均价格线,因此垄断企业的平均收益曲线与其需求曲线完全重合。

2）完全垄断厂商的边际收益曲线

由于平均收益曲线是一条斜率 < 0、向右下倾斜的曲线,平均收益随着产量的上升逐渐减小,因此在某一特定点,多销售一个单位产品产生的收益也就使边际收益必定小于该点的平均收益,否则平均收益不会下降。由此可知,边际收益曲线是一条位于平均收益下方的曲线,比平均收益曲线更向右下方倾斜,如图 6-1 所示。

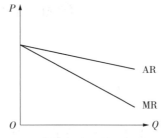

图 6-1　完全垄断市场的边际收益曲线

6.2.3 完全垄断厂商的均衡

即使身处完全垄断的市场环境之中,垄断厂商要使自身的利润最大化,也必须遵循边际成本等于边际收益的基本条件。如图 6-2 所示,当边际成本曲线与边际收益曲线相交于一点,对应产量为 Q^*。若产量少于 Q^*,边际收益大于边际成本,则继续扩大生产能带来额外的收益;若产量已经超过 Q^*,边际收益已经小于边际成本,再增产反而会带来亏损。此点所对应需求曲线上的点 G 决定了该点的价格 P^* 即是完全垄断的均衡价格,而矩形 OQ^*GP^* 为总收益,矩形 OQ^*FH 为总成本,该垄断企业的总收益大于总成本,因此 FGP^*H 就是该垄断企业的超额利润,也称作垄断利润。

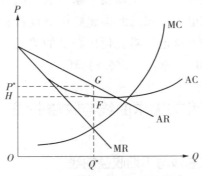

图 6-2 完全垄断市场的均衡

为了使利润最大化,无论短期还是长期,垄断厂商都将通过实现边际收益等于边际成本来达到均衡。由于短期内固定生产要素无法改变,垄断厂商只能通过同时调整产量和价格来实现短期均衡,此时 MR = SMC。 而对长期均衡来说,由于垄断厂商能够通过调整全部生产要素的投入量来调整生产规模,使 MR = LMC,达到比短期均衡条件下更高的利润。

那么是否垄断厂商必定不会亏损呢? 实际上即使边际收益等于边际成本,其对应的价格 P 还是可能低于此时的平均成本 AC,造成垄断厂商的亏损,但此时亏损额度是最小的。如果短期均衡时,垄断厂商的 P < SAC 带来亏损,厂商会寻求对生产规模进行优化,以期在长期均衡时 P > LAC,使自身扭亏为盈。但如果长期最优生产规模下价格还是小于 LAC,厂商会选择退出生产。

6.3 寡头垄断市场

6.3.1 寡头垄断市场的特征

完全垄断市场描绘了整个市场只有一个厂家的极端情况,而现实的消费市场里完全垄断并不占主流。比起一家独大,多家巨头并存于市场之中更加常见。例如在大型商用客机市场,虽然有如 A330、A380、Boeing747、Boeing777 等多种型号的客机,但它们都来自法国的空客集团或美国的波音公司,来自世界各地的航空公司通常只能在空客和波音之间做出选择。无独有偶,在计算机芯片市场,AMD(超威半导体公司)和 Intel(英特尔)公司瓜分了民用消费级 CPU 市场的几乎全部份额,没有第三方企业能够威胁到 AMD 和 Intel 的市场地位。实际上,在经济发达国家和地区,无论是传统工业还是现代零售业,产业的主要市场份额被两家到数家巨型企业所占领是常见现象。这样的市场被称为寡头垄断市场,市场里主要的厂商又称为寡头。

1)市场中厂商极少

市场上的厂商虽然不止一个,但也非常少,通常由数家厂商占领大部分的市场份额。如果有两个巨头存在,这样的寡头垄断则被称为双头垄断;多于两个巨头,则被称为多头垄断。虽然寡头垄断市场中主要厂商的份额不需要严格相等,但每个厂商能够提供具有竞争力的商品或者服务,使它们在市场中都具有举足轻重的地位。

2)厂商之间相互依存

虽然不像完全垄断市场一样一家厂商的供给就是一个行业的供给,但由于寡头垄断市场只有几家厂商,每家厂商的产量和价格变动自然会严重影响到该行业竞争对手的销量和收入,进而引起厂商之间对价格和产量做出反应。在寡头垄断市场的游戏规则下,要想在市场中具有竞争力,厂商的决策必定要将其他厂商的行动考虑进去,同时也要考虑自己的行为对其他厂商的影响,因此寡头市场的厂商存在相互依存的关系。对于寡头们来说,它们既不是价格的制订者,也不是价格的接收者,而是作为价格的博弈者或价格的寻求者去获取价格。

3)寡头市场进出不易

寡头们有很大的可能已经在规模、资金、技术、品牌、产业链、市场认知等方面建立起了巨大的优势,新厂家想要进入市场与它们竞争,将会面临极大的阻碍,因此进入市场将会极其困难。同时,由于寡头之间存在相互依存的关系,一家寡头想要退出也相当困难,需要付出很大的代价。

4)产品同质或异质

根据产品同质还是异质,寡头垄断市场可以分为纯粹寡头市场和差别寡头市场。其中纯粹寡头指产品没有差别、厂商之间依存程度高的市场,如钢铁、金属、水泥等行业。而产品有差异,彼此依存关系比较弱的市场则是差别寡头市场,典型的例子如汽车、香烟、饮料和快餐等行业。

6.3.2　寡头垄断厂商的价格与产量

寡头垄断厂商的价格与产量的决定相对来说比较负责,寡头垄断可以是纯粹寡头也可以是差别寡头;厂商之间可以选择是否相互勾结;厂商之间可能是价格竞争也可能是非价格竞争,因此在进行分析时需要用到不同的模型。

1)古诺模型

古诺模型由法国经济学家奥古斯丁·古诺于 1838 年提出,该模型假定市场上只有两个独立行动的厂商且生产完全相同的产品,双方准确地知道市场需求和对方的运营成本,继而在假设对方不会调整产量的前提下通过多次调整自己的产量来使自己的利润最大化,最终双方将达到均衡状态,价格和产量得以确认。古诺模型的分析虽然建立在双头垄断之上,但其结论能够轻易地推广到寡头数量更多的多头垄断中去。

例:某地区的水泥市场有两家厂商 a 和 b,它们生产完全相同的水泥且有相同的成本函数。假设 TC 为总成本,Y_a,Y_b 为两家公司各自的产量,两个公司的总成本函数为:

$$TC = 30Y$$

而假设价格为 P,市场的总产量为两家的产量之和等于 Q,假设:

$$P = 120 - Q$$

则厂商 a 的利润为:

$$Y_a(120 - Y_a - Y_b) - 30Y_a$$

厂商 a 和厂商 b 通过调整自己的产量来应对对方的产量,因此对 Y_a 进行求导,可得当满足以下条件时厂商 a 做出了最优反应:

$$Y_a = \frac{90 - Y_b}{2}$$

相对地,厂商 b 的最优反应函数为:

$$Y_b = \frac{90 - Y_a}{2}$$

求解以上两个函数可知:

$$Y_a = Y_b = 30$$

当两家厂商达到均衡时,产量皆为 30,价格为 90,利润则都是 900,如图 6-3 所示。

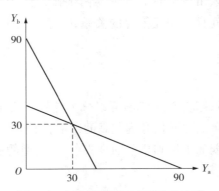

图 6-3　古诺模型下两家寡头的产量

2)卡特尔模型

古诺模型假设厂商独立行动,而现实中为了自身的利益,寡头们可能会选择相互勾结、共同行动形成战略同盟,这样的战略同盟称为卡特尔。寡头形成卡特尔的根本目的是通过内部协议共同制订价格和产量乃至各个寡头负责的销售区域和销售额,以减少内部竞争(如价格战等),使寡头们在整体上完全垄断市场并且使整体利益得以最大化。

最著名也是全世界最大的卡特尔是成立于 1960 年,由主要的石油开采国组成的石油输出国组织(OPEC)。该组织通过制订统一价格,协调和严格控制成员国各自的石油开采量与石油输出政策来保证原油市场价格的稳定,最终使成员国都能通过石油输出获得稳定且高额的利润。

卡特尔组织为了实现总体的利益最大化,也会让组织的边际收益等于组织的边际成本,以找到使利润最大化的价格和总产量。此时,再通过对产量的分配使组织成员的边际成本相等并执行统一的价格。为了使边际成本相等,不同的组织成员将会根据自身的成本函数分配到不同的生产或销售份额,因此,组织成员之间的市场份额和利润并不需要相同。

现实中很多的卡特尔组织并不稳固也不长久,原因之一在于组织成员实际上处于囚徒困境博弈状态之中。如果所有成员都严格遵守协议进行生产和销售,每个成员的个体收益都将高于不存在卡特尔时的情况。但由于经济利益的驱使,组织成员可能会通过违背协议来赚取额外的利润。例如,虽然卡特尔为成员设定了生产和销售份额,成员可以选择暗中增加产量来使自己的销售量超过协议设定的销售额,获得更大的利润。同时,虽然卡特尔通过统一价格协调产量来消除内部竞争,成员之间还是可以通过提供更好的售后服务、更快的物流运输、提供赠品等方式,在不违背价格协定的前提下获得竞争优势,以从竞争者手上抢夺消费者。

6.4　垄断竞争市场

6.4.1　垄断市场的特征

完全竞争和完全垄断分别描绘了市场结构的两种相对的极端情况,现实世界中的市场结构常常介于两者之间,之前介绍的寡头垄断就是如此且更加接近完全垄断。那么,有没有介于完全竞争和完全垄断之间却又比起寡头垄断更靠近完全竞争的情况呢? 答案是有的,那就是垄断竞争。垄断竞争市场里许多厂商在一个市场中生产和销售许多有差别的同种商品,每家厂商都可以被视为垄断着自己生产的厂家,但存在许多其他厂家也生产相似但不完全相同的产品与之展开竞争,并争夺有着同样需求的消费者。

因此,垄断竞争市场有着比较大的市场竞争程度和比较小的垄断程度,从整体来看更接近完全竞争。

1)市场中厂商众多

在垄断竞争市场里,厂商的数目众多,虽然各自可能拥有一定的优势,但没有形成明显的巨头或者寡头。因此,每个厂商都在一定程度上被动接受市场价格的同时能对市场施加一定的影响力。

2）厂商之间互不依存

垄断竞争市场的竞争比较激烈，市场上的每个参与者彼此相互独立行动、互不依存。单一厂商的决策对其他厂商的影响微弱且隐蔽。

3）产品存在差异

垄断竞争市场的商品在品种、质量、外观、品牌、服务、地理位置、企业形象等多个方面存在差异。正是由于产品差异的存在，企业能够从差异中获得优势，让一部分消费者愿意放弃竞争对手的产品而选择自己的产品，形成了局部的垄断。但由于同行业产品之间的区别还未大到无法相互替代，厂商之间还是存在激烈的相互竞争，并且在垄断竞争市场，竞争比起垄断来说占更主导地位。

4）进出容易

与完全竞争市场类似，由于市场或者行业中厂商数量多而规模相对小，进入退出所需要的资本和面临的阻碍不大，厂商可以相对容易和自由地选择进入市场或者退出市场。

6.4.2　垄断竞争市场的均衡

在短期中，垄断竞争市场的产生只能通过改变生产的可变要素的投入量来决定自己的产量。在决定产量和价格时，垄断竞争市场的厂商与完全垄断市场的厂商相同，当自身边际成本与边际收益相等，即 SMC＝MR 时，厂商达到短期均衡；同时，当 SMC＝MR 时，厂商的短期平均成本有可能大于该处的平均收益。因此，垄断竞争厂商在处于短期均衡状态时，可能出现超额利润，可能收支相抵，也可能会面临亏损。

而在垄断竞争市场的厂商在长期均衡时则更加接近完全竞争市场里厂商的状况，长期的垄断竞争厂商只能获得维持继续留在市场的正常利润。由于垄断竞争市场几乎没有进入和退出的壁垒存在，一旦市场存在经济利润，市场之外的新厂商就会跃跃欲试，继而进入市场。随着被吸引进来的厂商越来越多，原有的厂商的需求量被稀释，经济利润持续下降直到完全消失，该市场将不再对外部的厂商具有任何的吸引力，市场和行业达到饱和，所有的厂商在长期都只能获得正常利润而没有经济利润。此时 LMC＝LAC，如图 6-4 所示。

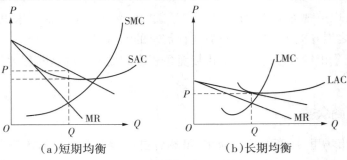

图 6-4　垄断竞争市场的均衡

反过来,如果短期中有厂商发生亏损,它可以自由地选择退出该市场来规避亏损。由于其消费者将转向行业中的其他厂商,使留在市场的厂商需求量持续上升,直到在长期达到均衡,所有垄断竞争的厂商都能够获得正常利润而休止。

对于垄断竞争市场来说,在长期,厂商可以任意变动生产投入要素,改变自身的规模。不论存在超额利润还是亏损,市场都将通过新厂商的进入或者旧厂商的退出,让超额利润及亏损消失,最终使整个行业达到长期均衡时就像完全竞争时一样,行业的总收益等于总成本,只存在正常利润。

以大型三甲医院所在的区域为例,由于存在大量的探病人员,三甲医院的附近有很大的餐饮需求,因此会有各式各样的快餐店和小餐馆开设在医院周围。在初期,不少小餐馆都能通过探病人员带来的大量市场需求获得超额利润。而随着时间的推移,越来越多的潜在商家自由地进入市场,它们提供的餐饮虽然可能在品种、味道甚至环境上各具特色,但一般差异不会大到互相不可替代。因此,随着店家的数量持续增多,每一个小餐馆的客流量会或多或少地降低,最后将在整个区域餐饮业的总收益等于总成本时达到均衡,每一家餐饮店都只能获得正常利润。

◆ 本章小结

不完全竞争市场是不能严格满足完全竞争条件的市场,分为完全垄断市场、寡头垄断市场和垄断竞争市场。

完全垄断市场只有一家厂商提供无法替代的产品且有极强的壁垒,因此其对价格拥有制订权。完全垄断市场的厂商的需求就是行业的需求,当 MC = MR 时,完全垄断厂商将达到短期或长期的均衡,此时可能获得超额利润,可以收支相抵,也可能处于亏损状态。

寡头垄断市场有数家寡头占据主要的市场份额,市场进出相对不易,它们提供同质或异质产品,同时相互依存。寡头垄断市场的厂商行为相对比较复杂,因此需要使用古诺模型、卡特尔模型等工具对其价格和产量进行分析。

垄断竞争市场与完全竞争市场类似,有数量众多的厂商,它们相互独立,提供异质的产品;同时,市场竞争激烈,没有明显的进出壁垒。垄断竞争市场的短期均衡与垄断市场完全一样,而长期均衡与完全竞争市场相同,行业的总收益等于总利润,所有厂商都只能获得基本利润。

◆ 案 例

可口可乐与百事可乐:从价格战到非价格竞争

在全球的可乐市场,可口可乐和百事可乐是绝对的巨头,可乐市场呈现明显的双头垄断。而作为老对手,可口可乐和百事可乐之间的竞争和对抗一直是令人津津乐道的话题。可口可乐曾在印度的部分市场将单罐可乐的价格降价20%,促使大量低收入的百事可乐用户转而投向可口可乐。为了乘胜追击,可口可乐在尝到降价的甜头后继续将价格降到50%,这让百事可乐措手不及。

显然,可口可乐已经打响了价格战的第一枪,而百事可乐不得不尽快地对可口可乐的降价策略做出回应,因为他们担心如果时间拖得过长,即使百事可乐跟随可口可乐进行了降价,客户也会因为已经习惯了可口可乐的味道而拒绝重新选择百事可乐。因此,百事可乐迅速地跟随可口可乐做出降价的决定,以期自身的市场份额不会由于价格劣势而下降。但双方很快就发现,这样的价格水平已然无法维持公司的长远运营。于是在价格战正打得焦灼之时,可口可乐和百事可乐又默契地将价格调回了原来的水平,共同宣告价格战的结果。

在这之后,双方虽然并没有形成卡特尔同盟,但在设定价格这一重大决策上呈现高度的一致。可口可乐与百事可乐之后的竞争更多地以非价格竞争的形式开展:如无糖可乐的引入让双方愈发重视新口味或者针对特定人群的产品所带来的竞争优势,同时也加大了对广告和营销的投入。残酷的价格战就像一个潘多拉盒子,不论是可口可乐还是百事可乐都不愿意再轻易地将其打开。

◆复习思考题

一、单选题

1. 垄断竞争厂商短期均衡时,(   )。

A.厂商一定能获得超额利润

B.厂商一定不能获得超额利润

C.只能得到正常利润

D.取得超额利润、发生亏损及获得正常利润三种情况都可能发生

2.最接近寡头垄断市场的是(   )。

A.自来水市场   B.面包市场   C.小麦市场   D.电视机市场

3.垄断竞争厂商在长期中(   )。

A.能够获得经济利润   B.只能获得零经济利润

C.比如出现亏损   D.平均收益必然超过其平均成本

4.在一种只有固定成本的生产活动中,四个寡头厂商面临的市场需求曲线为 $P = 100 - Q$,在古诺模型的条件下,每个厂商实现最大利润。那么,下面论述正确的是(   )。

A.每个厂商生产 25 单位产品   B.市场价格为 $P = 20$

C.行业供给量为 60 单位   D.以上均不对

二、判断题

1.从长期看,垄断竞争市场条件下的超额利润将会消失。   (   )

2.在垄断竞争厂商的长期均衡点上,d 需求曲线必定与 LAC 曲线相切。   (   )

3.电信行业由三家大型企业与上千家小型企业构成。由于企业的数量很大,因此不能被定为寡头垄断行业。   (   )

三、计算题

1.假定某垄断竞争厂商的需求函数为 $P = 9\,400 - 4Q$,成本函数为 TC = $4\,000 + 3\,000Q$,求该厂商均衡时的产量、价格和利润(单位:美元)。

2.寡头市场上的厂商遵循古诺模型,厂商 1 的成本函数为 $C_1 = 40Q_1$,厂商 2 的成本函数为 $C_2 = 70Q_2$,市场需求函数为 $P = 400 - Q$,求均衡时各企业的产量、价格和利润。

第 7 章

要素价格理论

◆学习目标

- 掌握要素市场的基本构成、基本概念等问题,对要素市场特征有总体认识。
- 掌握厂商的要素使用原则、消费者的要素供给原则,对要素市场均衡有总体认识。
- 掌握不完全竞争要素市场和不完全竞争产品市场情况下生产要素的价格和数量的计算方法,对要素市场和产品市场的关系有总体认识。

◆知识点

要素市场的基本概念;厂商的要素使用原则;消费者的要素供给原则;产品市场和要素市场均衡

◆案例导入

我国为何要推进要素市场化配置? 有哪些重要改革突破?

——专访国家发展改革委有关负责人

《中共中央 国务院关于构建更加完善的要素市场化配置体制机制的意见》于 2020 年 4 月 9 日公布。这是落实党的十九大和十九届四中全会精神的一项重大改革部署,也是新时代推进经济体制改革的又一具有标志性意义的重要成果。为何要推进要素市场化配置? 有哪些重要改革突破?

经过 40 多年改革开放,我国商品市场发育较为充分,商品和服务价格 97% 以上由市场定价。要素市场建设和改革也取得重要进展,但与商品和服务市场相比,土地、劳动力、资本、技术、数据等要素市场发育相对滞后,市场决定要素配置范围有限、要素流动存在体制机制障碍、新型要素市场规则建设滞后等,影响了市场对资源配置决定性作用的发挥,成为高标准市场体系建设的突出短板。

要素配置扭曲具有很强传导性和扩散性,由此造成一系列经济结构性矛盾和问题。加快要素市场化改革是深化供给侧结构性改革、解决制约全局深层次矛盾的重要突破口。从破除无效供给看,有助于推动"僵尸企业"出清,释放错配资源;从培育新动能看,有助于生产要素从低质低效领域向优质高效领域流动,支撑实体经济发展,形成协同发展的产业体系。

要让企业成为独立的市场主体来配置要素资源。在完善政府调节与监管的基础上,抓紧解决要素产权不清晰、市场化交易机制不健全、市场发育不足等问题,形成有效的激励机制,提高要素配置效率和全要素生产率,盘活"沉睡"的要素资源,靠改革来激发要素蛰伏的潜能,使之成为推动经济发展的动能。

因此,文件的出台,将会对深化经济体制改革产生长远的基础性影响。

(资料来源:《成都日报》,2020 年 4 月 10 日,04 版)

7.1　要素市场与要素供求

要素市场作为市场结构理论主要的组成部分之一,与产品市场共同构成了微观经济活动的两大市场循环,在微观经济学理论中占有重要地位。前面章节中的厂商理论、产品市场理论均是从供给的角度,在假定技术水平和要素价格保持不变的前提下,研究生产者产品生产的最优决策。而本章要素市场理论,则是从需求角度,在假定厂商技术水平保持不变的前提下,研究生产者要素投入的最优决策。

7.1.1　要素市场的基本概念

要素市场(Factor Market)与产品市场(Product Market)一样,也是由消费者(Consumer)和生产者(Producer)的行为共同决定价格、实现资源的最优配置。但要素市场和产品市场又存在着不同之处。

1)供给者与需求者

在产品市场,厂商是产品的供给者(Supplier),家庭是产品的需求者(Demanders),在要素市场,厂商和家庭在市场中的角色互换,即厂商是要素的需求者,家庭是要素的供给者,如图 7-1 所示。

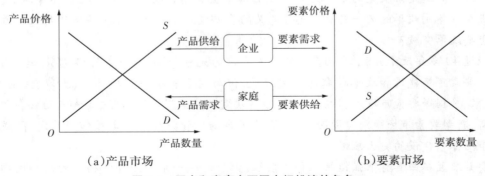

（a）产品市场　　　　　　　（b）要素市场

图 7-1　厂商和家庭在不同市场扮演的角色

2）直接需求与派生需求

在产品市场,消费者对产品的需求是为了满足个人欲望,属于直接需求(Direct Demand);在要素市场,厂商要素需求的目的是生产产品获取利润,要素需求是从产品需求派生出来的间接需求(Indirect Demand)。例如,消费者购买智能手机是因为使用智能手机能直接提供快乐或效用,智能手机生产厂商雇佣员工、租用厂房设备等,并不是因为在使用员工和厂房设备中能获得效用,而是因为厂商使用这些要素进行生产并能够从中获利。这种基于对利润追逐而产生的要素需求称为派生需求(Derived Demand),即厂商需求要素,是因为厂商要素投入能生产消费者所需要的产品,从而产生厂商收入。

3）所有价格与使用价格

产品市场的价格是指消费者购买产品本身的价格;所有价格(Ownership Price)是消费者对所购买的产品具有所有权;要素市场的价格只是使用要素的价格,即在约定条件下使用市场要素所支付的价格,厂商雇佣要素后并没有获取要素的所有权,要素价格是使用价格(Usufruct Price)。例如,厂商雇佣工人,只能在劳动合同约定的条件下使用工人的劳动,除此之外厂商并不能影响工人的人身自由,或者要求对工人的其他权利。

4）要素价格与产品价格

要素价格(Factor Price)取决于要素的供求,要素的供求取决于产品市场。产品市场面临萧条,生产下降,必然会降低对要素的需求,影响要素的价格。同样,要素价格也会影响到产品价格(Product Price)。例如,最低工资法的实施导致工资上涨,进而产品成本上升,引起价格上涨。

7.1.2　厂商的要素使用原则

本章的分析主体为厂商,从要素市场出发,站在厂商角度,研究厂商利润最大化的要素使用决策问题。因此,必须明确厂商为什么使用要素、要素需求如何决定,以及厂商使用要素将产生何种成本。

1）要素的边际产出

厂商生产产品要使用 n 种要素 $X_1,X_2,\cdots,X_n$（如劳动、资本、土地等）,一定技术水平决定的生产函数为:

$$Q = f(X_1,X_2,\cdots,X_n) \tag{7-1}$$

另外,产品在市场上的需求曲线为:

$$P = P(Q) \tag{7-2}$$

从边际角度分析,要素的使用价格给厂商带来的边际贡献称为要素的边际产出。包括实物形态的边际产量 MP_{X_i}、价值形态的边际生产价格 VMP_{X_i} 和边际生产收入 MRP_{X_i}。

（1）边际产量

边际产量（Marginal Product，MP_{X_i}）是要素 X_i 使用量的单位增加带来的厂商产出增加，反映要素使用对厂商产出的实物贡献。

$$MP_{X_i} = \frac{\Delta Q}{\Delta X_i} = \frac{\partial Q}{\partial X_i}$$

（2）边际生产价值

边际生产价值（Value of Marginal Product，VMP_{X_i}）简称边际产值，是边际产量的价值化形态。产品价格为 P，则要素边际产量的价值即边际产值为：

$$VMP_{X_i} = P \cdot MP_{X_i} \tag{7-3}$$

（3）边际生产收入

边际生产收入（Revenue of Marginal Product，MRP_{X_i}）又称为边际收益产品，是要素 X_i 投入数量的单位增加带来的厂商收入变化。

厂商使用要素 X_i 的边际生产收入为：

$$MRP_{X_i} = \frac{\partial TR}{\partial Q} \times \frac{\partial Q}{\partial X_i} \tag{7-4}$$

即
$$MRP_{X_i} = MR \cdot MP_{X_i}$$

式中，$MR = \dfrac{\partial TR}{\partial Q}$ 为产品边际收入。

（4）边际生产价值与边际生产收入的关系

当产品市场是完全竞争时，产品市场上产品价格和边际收入相等，$MR = P$，故 $VMP_{X_i} = MRP_{X_i}$，此时 VMP_{X_i} 曲线和 MRP_{X_i} 曲线的性质由边际产量曲线决定，根据边际实物报酬递减规律，在经济生产阶段，有：

$$\frac{\partial MP_{X_i}}{\partial X_i} < 0$$

故要素的边际生产价值曲线和边际生产收入曲线均向下倾斜，并且重合为同一条曲线，如图 7-2 所示。

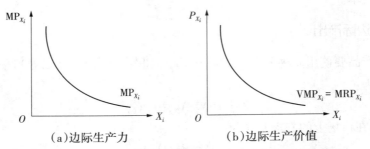

（a）边际生产力　　　　　（b）边际生产价值

图 7-2　完全竞争产品市场要素的边际生产力与边际生产价值

若产品市场为非完全竞争，由于产品的需求曲线向下倾斜，产品的边际收益曲线将不再与需求曲线重合，而以更快的速度下降，即 $MR < P$，因此，要素边际生产收入和边际产值不

再相等，MRP_{X_i} 与 VMP_{X_i} 分离，且 $MRP_{X_i} < VMP_{X_i}$，如图 7-3 所示。

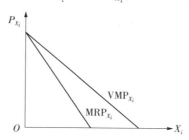

图 7-3　不完全竞争产品市场的边际生产价值与边际生产收入

2）厂商的要素需求曲线

厂商愿为 X_i 支付的最高价格，取决于使用 X_i 为厂商带来的边际生产收入，即厂商要素需求曲线为：

$$D_{X_i}:\ P_{X_i} = MRP_{X_i} \tag{7-5}$$

根据前面的分析，厂商的要素需求曲线斜率为负，即：

$$\frac{dP_{X_i}}{dX_i} < 0$$

7.1.3　厂商的要素成本

1）要素供给曲线

厂商是要素市场的需求者，同商品价格一样，要素价格决定了对要素的需求与供给。要素供给来自居民户的效用最大化决策，要素需求来自厂商的利润最大化决策。要素市场结构决定要素的供给曲线，决定厂商使用要素的价格，进而决定厂商要素成本。

厂商的要素供给曲线，是指厂商在不同要素使用数量下要素供给价格与要素使用数量的对应关系。厂商要素 X_i 供给曲线 S_{X_i} 为：

$$S_{X_i}:\ P_{X_i} = P_{X_i}(X_i) \tag{7-6}$$

要素的供给价格决定于要素的供给数量。

2）要素市场类型

厂商所处要素市场可以划分为两类结构：完全竞争要素市场和不完全竞争要素市场，如图 7-4 所示。

完全竞争要素市场，是指厂商所使用的要素占要素市场总量很少，要素价格由要素市场决定，厂商要素使用的多少不影响要素供给价格，表现为厂商使用要素价格不随要素数量变化，保持常数，即：

$$\frac{dP_{X_i}}{dXi} = 0$$

比如，某小型施工队所使用的民工占民工市场的比例很低，民工的工资水平由民工市场决定,为每天 100 元,该施工队使用民工价格即为 100 元,不会因为施工队使用民工数量的变化而变化。

不完全竞争要素市场,是指厂商使用的要素数量占要素市场有影响的比例,厂商使用要素数量的高低影响要素市场的价格。一般而言,当厂商使用要素数量增加时,要素供给价格会上升,即:

$$\frac{\mathrm{d}P_{X_i}}{\mathrm{d}X_i} > 0$$

要素市场结构 $\left\{\begin{array}{l}完全竞争要素市场 \\ 不完全竞争要素市场 \left\{\begin{array}{l}垄断竞争市场 \\ 寡头垄断市场 \\ 完全垄断市场\end{array}\right.\end{array}\right.$

图 7-4 市场结构示意图

3)要素成本

当厂商面临一定的要素供给曲线时,厂商使用要素 X_i 会产生相应的要素成本,包括 X_i 的要素总成本、要素平均成本和要素边际成本。

(1)要素总成本

要素总成本(TFC_{X_i})又称为要素总支出(TE_{X_i}),是厂商为使用要素 X_i 而付出的总成本,为要素价格与要素使用数量的乘积。

$$\mathrm{TFC}_{X_i} = P_{X_i} \cdot X_i \tag{7-7}$$

(2)要素平均成本

要素平均成本(AFC_{X_i})又称为要素的平均支出(AE_{X_i}),是厂商使用要素 X_i 时,平摊在每个要素单位的成本,是要素总成本对要素使用数量取平均。

$$\mathrm{AFC}_{X_i} = \frac{\mathrm{TFC}_{X_i}}{X_i} = P_{X_i} \tag{7-8}$$

要素平均成本等于厂商所支付的要素价格 P_{X_i}。

(3)要素边际成本

要素边际成本(MFC_{X_i})又称为要素的边际支出(ME_{X_i}),即厂商单位要素雇佣数量的增加所引发的厂商成本增加。

$$\mathrm{MFC}_{X_i} = \frac{\partial \mathrm{TC}}{\partial X_i} = \frac{\partial\left(\sum \mathrm{TFC}_j\right)}{\partial X_i} \tag{7-9}$$

如果厂商使用的各种要素投入间相互独立,即厂商可以单独增加某一要素来改变产量,$\frac{\mathrm{d}X_j}{\mathrm{d}X_i} = 0$,则 $\mathrm{MFC}_{X_i} = \frac{\mathrm{d}\mathrm{TFC}_{X_i}}{\mathrm{d}X_i}$。

即 $$\mathrm{MFC}_{X_i} = P_{X_i} + \frac{\mathrm{d}P_{X_i}}{\mathrm{d}X_i} \cdot X_i \tag{7-10}$$

（4）要素平均成本与边际成本之间的关系

若要素市场为完全竞争，要素价格为不变常数，要素的边际成本与平均成本相等，都等于不变的要素价格，即 $\text{AFC}_{X_i} = \text{MFC}_{X_i} = P_{X_i}$。

7.2 厂商最优要素决定理论

7.2.1 要素市场均衡

处在一定要素市场的厂商决策行为模式，通常是从厂商利润最大化角度，决定最优要素使用数量，并结合要素市场结构，由要素市场或企业决定要素的使用价格。相比产品市场均衡，要素市场中厂商决策基于销售收益与要素投入成本，而它们取决于产品市场和要素市场的两个市场结构（是否完全竞争/完全垄断）。

以企业利润最大化为目标讨论最优要素投入时，决策变量为要素使用数量，此时，企业收入、企业成本和企业利润均为要素使用数量的函数，即：

$$\max \prod = \text{TR}(X_1, X_2, \cdots, X_n) - \text{TC}(X_1, X_2, \cdots, X_n) \tag{7-11}$$

以要素使用数量为变量，对任一要素 X_i，均应满足一阶条件：

$$\frac{\partial \prod}{\partial X_i} = 0$$

$$\rightarrow \frac{\partial \text{TR}}{\partial X_i} - \frac{\partial \text{TC}}{\partial X_i} = 0$$

$$\rightarrow \frac{\partial \text{TR}}{\partial X_i} = \frac{\partial \text{TC}}{\partial X_i} \tag{7-12}$$

即
$$\text{MRP}_{X_i} = \text{MFC}_{X_i} \tag{7-13}$$

企业要素最优投入条件：企业使用要素的边际生产收入等于该要素的边际成本，又称为企业的要素均衡条件。

7.2.2 四种要素市场和产品市场组合

在讨论企业要素均衡时，简单地将企业所处的产品市场和要素市场划分为两类：完全竞争市场和不完全竞争市场。完全竞争之外的市场都归为不完全竞争市场。

企业在产品市场上为卖方，当所处产品市场为完全竞争时，称该企业为卖方竞争企业，产品市场为卖方竞争市场；当所处产品市场为不完全竞争时，称该企业为卖方垄断企业，所处产品市场为卖方垄断市场。

企业在要素市场为买方，当所处要素市场为完全竞争时，称该企业为买方竞争企业，要素市场为买方竞争市场;当所处要素市场为不完全竞争时,称该企业为买方垄断企业,所处要素市场为买方垄断市场,见表7-1。

企业决策时同时置身于产品及要素市场,因此,根据要素市场和产品市场的竞争垄断状况,出现四种可能的市场结构组合,见表7-2。

表7-1　常见的市场结构类型

市场结构类型	厂商数目	产品差别程度	个别厂商控制价格程度	厂商进入产业难易	现实中最接近的产业
完全竞争	很多	无差别	没有	完全自由	农业
垄断竞争	很多	有些差别	有一些	比较自由	零售业
寡头垄断	几个	有或没有差别	相当有	有限	汽车制造业
完全垄断	一个	唯一产品无替代品	很大,但常受政府管制	不能	公共事业

表7-2　四种要素市场和产品市场组合

市场类型		产品市场	
		完全竞争	不完全竞争
要素市场	完全竞争	组合一	组合二
	不完全竞争	组合三	组合四

7.2.3　产品市场完全竞争——要素市场完全竞争

产品市场完全竞争,又产品价格 $P = \bar{P}$,产品边际收入 $\mathrm{MR} = \bar{P}$,故

$$\mathrm{VMP}_{X_i} = \mathrm{MRP}_{X_i} = \bar{P} \cdot \mathrm{MP}_{X_i}$$

由于经济生产阶段 MP_{X_i} 为负斜率,因此 VMP_{X_i},MRP_{X_i} 仍为负斜率。

要素市场完全竞争,则企业要素供给曲线 S_{X_i}:$P_{X_i} = \bar{P}_{X_i}$

$$\mathrm{AFC}_{X_i} = \bar{P}_{X_i}$$

若要素间投入独立,则:

$$\mathrm{MFC}_{X_i} = \mathrm{AFC}_{X_i} = \bar{P}_{X_i}$$

均衡要素投入量决定 $\mathrm{MRP}_{X_i} = \mathrm{MFC}_{X_i}$,有

$$\bar{P}_{X_i} = \bar{P} \cdot \mathrm{MP}_{X_i}$$

或
$$\bar{P} = \frac{\bar{P}_{X_i}}{\mathrm{MP}_{X_i}} \tag{7-14}$$

式(7-14)表明,企业均衡要素使用量,既取决于产品价格和要素价格,也取决于技术水平和企业规模所决定的边际实物产出水平。

企业均衡的要素数量为 X_i^*，支付要素价格为该数量下的要素供给价格 $P_{X_i}^*$，要素价格等于要素的边际产值和边际生产收入，如图7-5所示。

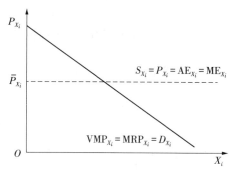

图7-5　产品市场完全竞争——要素市场完全竞争均衡示意图

7.2.4　产品市场不完全竞争——要素市场完全竞争

当产品市场不完全竞争时，产品需求曲线向下倾斜，即：

$$\frac{\mathrm{d}P}{\mathrm{d}Q} < 0, \mathrm{MR} < P,$$

故　　　　　　　　　　　　　$\mathrm{MRP}_{X_i} < \mathrm{VMP}_{X_i}$

此时要素的边际生产收入曲线和要素的边际产值曲线分离，边际生产收入低于边际产值。

同样，要素市场完全竞争，则企业要素供给曲线 S_{X_i}：$P_{X_i} = \bar{P}_{X_i}$，即：

$$\mathrm{AFC}_{X_i} = \bar{P}_{X_i} \tag{7-15}$$

若要素间投入独立，则：

$$\mathrm{MFC}_{X_i} = \mathrm{AFC}_{X_i} = \bar{P}_{X_i}$$

均衡要素投入量决定 $\mathrm{MRP}_{X_i} = \mathrm{MFC}_{X_i}$，有

$$\bar{P}_{X_i} = \mathrm{MRP}_{X_i} = \mathrm{MR} \cdot \mathrm{MP}_{X_i} < \mathrm{VMP}_{X_i} \tag{7-16}$$

企业均衡的要素数量为 X_i^*，支付要素价格为该数量下的要素供给价格 $P_{X_i}^*$。

企业支付要素价格依然为要素供给价格 $\bar{P}_{X_i}$，但低于要素的边际产值。

企业要素均衡决定如图7-6所示。

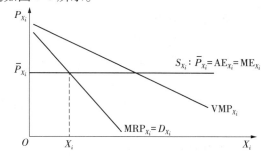

图7-6　产品市场不完全竞争——要素市场完全竞争示意图

7.2.5 产品市场完全竞争——要素市场不完全竞争

产品市场完全竞争,有 $\mathrm{VMP}_{X_i} = \mathrm{MRP}_{X_i} = \bar{P} \cdot \mathrm{MP}_{X_i}$。要素市场不完全竞争,企业要素供给

曲线 S_{X_i}: $\dfrac{\mathrm{d}P_{X_i}}{\mathrm{d}X_i} > 0$。企业要素平均成本为:

$$\mathrm{AFC}_{X_i} = P_{X_i} \tag{7-17}$$

企业要素边际成本为:

$$\mathrm{MFC}_{X_i} = P_{X_i} + \frac{\mathrm{d}P_{X_i}}{\mathrm{d}X_i} \cdot X_i > P_{X_i} = \mathrm{AFC}_{X_i} \tag{7-18}$$

特别地,如果要素供给为线性关系 $P_{X_i} = b_0 + b_1 \cdot X_i$,则

$$\mathrm{MFC}_{X_i} = b_0 + 2b_1 \cdot X_i \tag{7-19}$$

即当要素供给价格随要素供给数量线性上升时,要素边际成本将以两倍的速度增加。

产品市场完全竞争——要素市场不完全竞争的均衡要素数量决定为:

$$\mathrm{MRP}_{X_i} = \mathrm{VMP}_{X_i} = \bar{P} \cdot \mathrm{MP}_{X_i} = \mathrm{MFC}_{X_i} > \mathrm{AFC}_{X_i} = S_{X_i} = P_{X_i} \tag{7-20}$$

企业均衡的要素数量为 X_i^*,支付要素价格为该数量下的要素供给价格 $P_{X_i}^*$,该价格低于要素的边际产值和边际生产收入。企业要素均衡决定如图 7-7 所示。

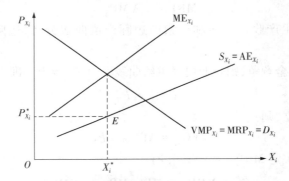

图 7-7 产品市场完全竞争——要素市场不完全竞争示意图

7.2.6 产品市场不完全竞争——要素市场不完全竞争

根据前面的分析,产品市场不完全竞争时:

$$\mathrm{VMP}_{X_i} > \mathrm{MRP}_{X_i} = D_{X_i}$$

要素市场不完全竞争,企业要素边际成本为:

$$\mathrm{MFC}_{X_i} > \mathrm{AFC}_{X_i} = S_{X_i}$$

此时,边际生产收入低于边际产值,要素边际成本高于要素供给价格。

企业均衡要素投入量决定为:

$$\mathrm{VMP}_{X_i} > \mathrm{MRP}_{X_i} = \mathrm{MFC}_{X_i} > \mathrm{AFC}_{X_i} = S_{X_i} = P_{X_i} \tag{7-21}$$

企业均衡的要素使用数量为 X_i^*,支付要素价格为该数量下的要素供给价格 $P_{X_i}^*$。

企业要素均衡决定如图 7-8 所示。

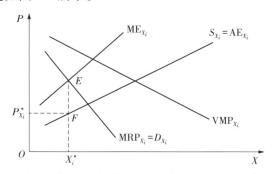

图 7-8 产品市场不完全竞争——要素市场不完全竞争示意图

7.3 垄断剥削

如果企业兼具买方垄断与卖方垄断时,均衡的要素支付价格 $P_{X_i}^*$ 低于要素的边际产值 $VMP_{X_i}^*$,也低于企业的要素需求价格即要素的边际生产收入 $MRP_{X_i}^*$,即 $P_{X_i} < MRP_{X_i} < VMP_{X_i}$,这种现象被琼·罗伯逊归结为企业的垄断剥削,包括买方垄断剥削和卖方垄断剥削。特别地,反映在劳动市场上,表现为企业支付的劳动工资率低于企业的劳动需求价格,更低于劳动给企业带来的边际产值,如图 7-9 所示。

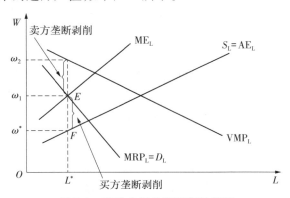

图 7-9 劳动市场垄断剥削示意图

企业所处劳动市场和产品市场均为不完全竞争。劳动需求由劳动的边际生产收入决定,为负斜率曲线;企业面临的劳动供给曲线为正斜率,劳动的边际成本高于劳动的平均成本。根据 $MFC_L = MRP_L$,企业均衡的劳动使用数量为 L^*,并按照劳动的供给价格决定工资率为 ω^*。

产品市场的不完全竞争企业称为卖方垄断企业,是企业作为卖方时拥有垄断力。由于产品市场的不完全竞争,企业均衡产量低于完全竞争市场,因此劳动雇佣量也低于完全竞争市场。由于产品价格大于边际收入,因此劳动的边际产值也高于劳动边际生产收入,即 $VMP_L > MRP_L$。这种由于卖方垄断力形成的劳动边际产值与边际生产收入之间的数额,称为卖方垄断剥削,即图 7-9 中的 $\omega_2 - \omega_1$。

要素市场的不完全竞争企业称为买方垄断企业,是企业作为买方时拥有垄断力。体现在劳动市场上,表现为资方雇佣劳动的垄断力。如果劳动市场为不完全竞争,劳动的边际成本将高于劳动的平均成本,即劳动市场供给价格,在均衡条件下,劳动的边际成本等于劳动的边际生产收入。因此,最终企业支付的工资率 ω^* 低于劳动的边际生产收入,这种由于企业买方垄断力形成的劳动工资率低于劳动边际生产收入,称为买方垄断剥削,即图 7-9 中的 $\omega_1 - \omega^*$。

当产品市场完全竞争,要素市场完全竞争时,企业没有任何垄断力,$P = MR$,$MRP_L = VMP_L$,$MFC_L = AFC_L = \omega$,最终 $\omega = VMP_L$,企业支付的劳动工资率等于劳动带给企业的边际产值,不存在任何垄断剥削。

当产品市场完全竞争,要素市场不完全竞争时,$P = MR$,$MRP_L = VMP_L$,不存在卖方垄断剥削;同时,$MFC_L > AFC_L = \omega^*$,均衡时 $MFC_L = MRP_L > AFC_L = \omega^*$,存在买方垄断剥削。

当产品市场不完全竞争,要素市场完全竞争时,$VMP_L > MRP_L$,存在卖方垄断剥削;$MFC_L = AFC_L = \omega$,不存在买方垄断剥削。

当劳动市场和产品市场都为不完全竞争时,劳动的边际产值既高于劳动的边际生产收入,更高于劳动工资率;同时,存在卖方垄断剥削和买方垄断剥削,企业垄断剥削为卖方垄断剥削和买方垄断剥削之和,总剥削为:

$$\omega_2 - \omega^* = (\omega_2 - \omega_1) + (\omega_1 - \omega^*)$$

垄断剥削源于不完全竞争市场上的企业垄断力,因此,要消除企业垄断剥削,就必须消除企业垄断力。在很多市场经济国家,劳动者通过建立工会的形式形成劳动市场的卖方联合垄断,以抗衡劳动市场上资方的买方垄断力量,通过劳资谈判的形式确定工资水平,以消除企业买方垄断剥削。但是,企业卖方垄断剥削是由于在产品市场上的垄断力形成的,针对的是消费者群体;而出于消费者群体偏好差异、收入差异、组织成本等原因,很难结成产品市场的买方联合垄断,因此只要有产品市场垄断存在,企业的卖方剥削就很难消除。现实中也有大件商品团购现象,就是通过结成产品买方联合,增大买方在交易中的讨价还价能力。

◆本章小结

要素市场同产品市场一样,生产要素的均衡价格和数量是由供需两种力量共同决定的。厂商对生产要素数量决策的一般原则是,使该生产要素带来的新增收益(边际收益产品 MRP)与其新增成本(边际要素成本 MFC)相等,即 MRP = MFC,保证利润最大化。

在完全竞争条件下,厂商对生产要素的需求曲线与边际产品价值曲线重合,厂商使用生产要素的边际收益产品(MRP)与边际产品价值(VMP)相等,此时厂商使用生产要素的条件就变成边际产品价值与生产要素价格相等,即 $VMP = \omega$。

生产要素供给由消费者根据效用最大化原则确定。消费者从生产要素的自用中获得效用,也从出售生产要素获得收入、购买商品消费中获得效用。这就需要消费者在生产要素自用和出售的数量上做出选择,以获得最大效用。

生产要素供给的一般原理当然也适用于劳动的供给。劳动供给受到工资的影响,这种影响包括收入效应和替代效应,两种效应是相反的:工资上升通过收入效应会减少劳动的供给,通过替代效应会增加劳动的供给。

◆案 例

李克强:必须爬过价格改革这道"坎"

2014年11月15日,国务院总理李克强主持召开的国务院常务会议,部署加快推进价格改革,更大程度让市场定价。会议指出,缩小政府定价范围,实行公开透明的市场化定价,有利于维护生产者和消费者合法权益,以合理的价格信号促进市场竞争、破除垄断、撬动社会资本投资,以结构性改革的成效推动转方式、惠民生。

就目前价格体制而言,居民们最关注的仍是石油、天然气、电力、交通、电信等关系千家万户生活必需品的领域价格改革。这同时也是近年来政府不断进行价格改革探索的重点领域。由于民生基础类产品缺乏消费弹性,其价格改革也往往成为转方式、促发展、惠民生的有力抓手,譬如成品油价格的改革,就成功打破了过去僵化的价格机制,完全由市场定价,刚刚走出了"八连降"。然而,在价格改革这场攻坚战中,问题也仍然不少,一方面,是当前的市场化进程需要推进更多领域的价格改革;另一方面,在某些已经进行的改革摸索中,存在的市场化程度不够、定价机制缺乏公开透明等现象又往往让百姓出现谈价格改革色变的涨价担忧。

价格改革一定是涨价或者降价吗?李克强总理强调,价格改革是为了切实形成一种由市场需求定价、"有升有降"的合理价格机制。"政府定价表面上好像是在保护消费者,但实际上,在多数领域,受到保护的并不一定是消费者的利益。"他说,"市场定价实际上是给了消费者更多自主选择的权利,从长远来看,对于消费者是有利的。"

价格改革牵一发而动全身,这也展现了政府在更大力度推进价格改革上的决心。李克强总理同时表示:"价格改革难度很大,但它有利于长远,是建立市场机制必须要闯的一道'坎'。"他说:"价格改革不推进,市场化改革的关键问题就等于没抓住! 这是一项啃硬骨头的改革,是一场攻坚战。"

要打好这场攻坚战,转变政府职能,缩小政府定价范围,实行公开透明的市场化定价等都将成为未来加速改革的应有之义。只有破除垄断,引进更多市场竞争主体,才能以结构性改革的成效推动转方式、惠民生。

首先,应该完善由市场决定价格的机制。电、气、油等能形成有效竞争的资源环境价格领域应坚决放开价格,由市场决定;不能放开的要完善定价方式;少数关系国家命脉的核心领域,政府可通过对其价格形成机制进行监管,让市场规律更多地发挥作用,让政府定价更为接近市场价格的走势。

其次,价格改革要有序,制定好配套政策,同时加强监管。应在保障基本民生、促进社会公平的基础上,建立社会保障与物价上涨幅度挂钩的机制,不能让价格上涨影响低收入群体生活。同时,健全完善制度、运转高效的价格监管体制机制,完善明码标价、推进明码实价、推动市场监管、应急反应、反价格垄断执法、社会监督、部门协同执法等建设,保障价格改革稳妥推进。

最后,放开竞争性领域、垄断领域和社会需要而产品和服务短缺的领域。在处理好政府和市场关系的基础上,进一步解放思想、简政放权,加强和改善对市场价格的综合调控。让市场机制起决定性作用,政府退出竞争性领域,有序放开市场准入,鼓励和引导民营企业进入各要素市场。

(资料来源:人民网)

◆复习思考题

一、简答题

1. 土地、资本、劳动等生产要素的价格与产品的价格主要区别是什么?

2. 是否所有的企业都存在一条对要素的需求曲线?

3. 试述厂商的要素使用原则。

4. 简述完全竞争厂商对一种可变要素的需求曲线的推导过程。

5. 不完全竞争要素市场和不完全竞争产品市场情况下生产要素的价格和数量是如何决定的?

6. 试述消费者的要素供给原则。

7. 为什么劳动供给曲线向后弯曲?

8. 在完全竞争市场中,假设厂商使用两种可变生产要素 L,K 生产一种产品 X,求解厂商使用要素最优组合的条件。

二、计算题

1. 某厂商是产品市场的垄断者,是要素市场的完全竞争者,其产品需求函数为 $P = 85 - 3Q$,其只使用一种可变的投入要素劳动(L)去生产产品,生产函数为 $Q = 2L$,劳动者的工资率 $W = 5$,求该厂商利润最大化时雇佣劳动的数量、生产产品的数量及价格。

2. 某厂商仅使用劳动 L 去生产产品,生产函数为 $Q = 6L + 3L^2 - 0.02L^3$,该厂商是产品市场的完全竞争者和要素市场的垄断者,其产品的售价 $P = 2$,总成本函数为 $TC = 60L + 3L^2$,求利润最大化时的 L,Q 及工资率 W 值。

3. 假设某厂商是其产品市场和要素市场的完全垄断者,该厂商的生产函数为 $Q = 3L$,其中 L 为厂商使用的劳动量。如果厂商的需求函数为 $P = 110 - Q$,劳动供给函数为 $W = 3L + 90$,求利润最大化时的 L,W 和 P 的值。

4. 一厂商生产某产品,其产品价格 $P = 100$ 元,年产量 $Q = 1\,000$ 件,每件产品的 AVC = 50 元, AFC = 40 元,试求该厂商的准租金和经济利润。

第 8 章

市场失灵与微观经济政策

◆ **学习目标**
- 理解和掌握市场失灵的基本概念。
- 理解和掌握市场失灵对社会资源配置效率以及社会公平的影响。
- 理解和掌握市场失灵的几种情况、带来的影响以及相应的解决方案。

◆ **知识点**

市场失灵的基本概念;市场失灵对效率和公平的影响;针对不同市场失灵情况下的微观经济政策

◆ **案例导入**

什么叫市场失灵

经济自由主义鼻祖亚当·斯密认为,市场机制运行有三个主要特征:自然性、协调性、系统性。也就是说,个人利益与社会利益之间的冲突,可以通过市场机制本身的调节逐渐实现统一,每个个体在追逐个人利益的同时,可以实现社会利益的最大化,即帕累托最优状态。但现实经济中,市场并非完美,总能发挥作用保证社会资源配置达到最优。新古典经济学家以边际分析和均衡分析为基础构建了微观经济学,也为分析和发现市场失灵提供了工具。福利经济学为评价市场失灵提供了标准,并进一步深化和扩展了市场失灵理论的研究领域。

市场失灵是指市场机制在很多场合下不能实现资源的有效配置,不能达到帕累托最优状态的情形。市场失灵的原因既可能来自市场机制本身运行的结果,如垄断;也可能来自市场外部,存在于市场机制发生作用范围之外,导致无法对这种经济行为进行有效调节,如公共产品和外部性的情形。市场失灵理论为政府干预经济、制定相应的微观经济政策提供了理论依据。本章将分别讨论市场失灵的几种情况以及为解决市场失灵问题提出相应的微观经济政策。

8.1 垄断

8.1.1 垄断与低效率

首先来看某代表性的垄断厂商的利润最大化情况,如图 8-1 所示。图中横轴表示产量,纵轴表示价格。曲线 D 和 MR 分别为该厂商的需求曲线和边际收益曲线。此外,为简便起见,假定平均成本和边际成本相等且固定不变,它们由图中水平直线 AC = MC 表示。垄断厂商的利润最大化原则是边际成本等于边际收益。因此,垄断厂商的利润最大化产量为 q_m。在该产量水平上,垄断价格为 P_m。显然,这个价格高于边际成本。

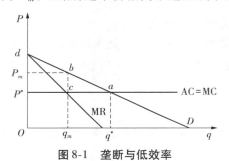

图 8-1 垄断与低效率

显而易见,上述垄断厂商的利润最大化状况并没有达到帕累托最优状态。在利润最大化产量 q_m 上,价格 P_m 高于边际成本 MC,这表明,消费者愿意为增加额外一单位产量所支付的数量超过了生产该单位产量所引起的成本。因此,存在有帕累托改进的余地。例如,假设消费者按照既定的垄断价格 P_m 购买了垄断产量 q_m。现在进一步考虑,是否可以有某种方式使垄断厂商和消费者的状况都变好? 如果让垄断厂商再多生产一单位产量,让消费者以低于垄断价格但大于边际成本的某种价格购买该单位产量,则垄断厂商和消费者都从中得到了好处:垄断厂商的利润进一步提高,因为最后一单位产量给它带来的收益大于它支出的成本;消费者的福利进一步提高,因为它实际上对最后一单位产量的支付低于它本来愿意的支付(本来愿意的支付用需求曲线的高度衡量,即它等于垄断价格)。

垄断产量和垄断价格不满足帕累托最优条件。那么,帕累托最优状态在什么地方达到呢? 在 q^* 的产量水平上达到。在 q^* 的产出水平上,需求曲线与边际成本曲线相交,即消费者为额外一单位产量的愿意支付等于生产该额外产量的成本。此时,不再存在任何帕累托改进的余地。因此,q^* 是帕累托意义上的最优产出。如果能够设法使产量从垄断水平 q_m 增加到最优水平 q^*,则就实现了帕累托最优。一种可能的方法是:垄断厂商同意生产产量 q^*,并在等于边际成本的价格 P^* 上出售该产量。这样做的结果是垄断厂商的利润下降了 $(P_m - P^*) \times q_m$。 为了弥补其损失,消费者之间达成一项协议,共同给予垄断厂商至少等于该损失的一揽子支付。在给予这一揽子支付之后,消费者的福利与垄断条件下的情况相比,仍然有所改善,因为垄断厂商将价格从 P_m 下降到 P^* 给消费者带来的全部好处是称为消费者剩余的那一部分,即区域 $P_m baP^*$。这个部分超过了垄断厂商的利润损失部分 $(P_m - P^*) \cdot q_m$。超过的部分为区域 abc 的面积。区域 abc 就是当产量从垄断的 q_m 增加到最优的 q^* 时所产生的全部收益。这个收益可以在垄断厂商和消费者之间进行适当的分配,从而使双方都得到好处。

那么,在实际中,为什么均衡产量不是发生在帕累托最优状态 q^* 上呢?原因在于,垄断厂商和消费者之间以及消费者本身之间难以达成相互满意的一致意见。例如,垄断厂商和消费者之间在如何分配增加产出所得到的收益问题上可能存在很大分歧,以至于无法达成一致意见;又例如,消费者本身之间在如何分摊弥补垄断厂商利润损失的一揽子支付问题上也不能达成一致意见;再例如,还可能无法防止某些消费者不负担一揽子支付而享受低价格的好处,即无法防止"免费乘车者"。由于存在上述这些困难,实际上通常得到的便是无效率的垄断情况。

上述关于垄断情况的分析,也适用于垄断竞争或寡头垄断等其他非完全竞争的情况。实际上,只要市场不是完全竞争的,只要厂商面临的需求曲线不是一条水平线,而是向右下方倾斜,那么厂商的利润最大化原则就是边际收益等于边际成本,而不是价格等于边际成本。当价格大于边际成本时,就出现了低效率的资源配置状态。而由于协议的各种困难,潜在的帕累托改进难以得到实现,于是整个经济便偏离了帕累托最优状态,均衡于低效率之中。

8.1.2　寻租理论

根据传统的经济理论,垄断尽管会造成低效率,但这种低效率的经济损失从数量上来说却相对很小。例如,在图8-1中,完全竞争厂商的产量为 q^*,价格为 P^*,经济利润为0,消费者剩余为 adP^*,总的经济福利(生产者的经济利润加上消费者剩余)也等于 adP^*;垄断厂商的产量为 q_m,价格为 P_m,经济利润为 bcP^*P_m,消费者剩余为 bdP_m,总的经济福利为 bcP^*d。二者相比,垄断的总经济福利减少了,但减少的数量较小,仅仅等于图8-1中的小三角形 abc。

然而,从20世纪60年代后期以来,西方一些经济学家开始认识到,上述传统的垄断理论可能大大低估了垄断的经济损失。按照他们的看法,传统垄断理论的局限性在于,它着重分析的是垄断的"结果",而不是获得和维持垄断的过程。一旦把分析的重点从垄断的结果转移到获得和维持垄断的过程,就会很容易地发现,垄断的经济损失不再仅仅包括图8-1中那块被称为"纯损"(Dead Weight Loss)的小三角形 abc,而是要大得多。它还包括图8-1中垄断厂商的经济利润即 bcP^*P_m 的一部分,或者全部,甚至可能更多一些。这是因为,为了获得和维持垄断地位从而享受垄断的好处,厂商常常需要付出一定的代价。例如,向政府官员行贿;或者,雇佣律师向政府官员游说等。这种为获得和维持垄断地位而付出的代价与三角形 abc 一样也是一种纯粹的浪费:它不是用于生产,没有创造出任何有益的产出,完全是一种"非生产性的寻利活动"。这种非生产性的寻利活动被概括为所谓的寻租活动:为获得和维持垄断地位从而得到垄断利润(也即垄断租金)的活动。

　　寻租活动的经济损失到底有多大呢？就单个的寻租者而言,他愿意花费在寻租活动上的代价不会超过垄断地位可能给他带来的好处;否则就不值得了。因此,从理论上来说,单个寻租者的寻租代价要小于或者等于图8-1中的垄断利润或垄断租金 bcP^*P_m。在很多情况下,由于争夺垄断地位的竞争非常激烈,寻租代价常常要接近甚至等于全部的垄断利润。这意味着,即使局限于考虑单个的寻租者,其寻租损失也往往大于传统垄断理论中的"纯损"三角形。如果进一步来考虑整个寻租市场,问题就更为严重。在寻租市场上,寻租者往往不止一个,单个寻租者的寻租代价只是整个寻租活动的经济损失的一个部分。整个寻租活动的全部经济损失等于所有单个寻租者寻租活动的代价的总和。而且,这个总和还将随着寻租市场竞争程度的不断加强而不断增大。显而易见,整个寻租活动的经济损失要远远超过传统垄断理论中的"纯损"三角形。

8.1.3　对垄断的公共管制

　　垄断常常导致资源配置缺乏效率。此外,垄断利润通常也被看作是不公平的。这就使得有必要对垄断进行政府干预。政府对垄断的干预是多种多样的。这里先来讨论政府对垄断价格和垄断产量的管制。

　　图8-2中反映的是某垄断厂商的情况。曲线 $D=AR$ 和 MR 是它的需求曲线(平均收益曲线)和边际收益曲线。曲线 AC 和 MC 是其平均成本和边际成本曲线。注意,这里回到了平均成本曲线和边际成本曲线的一般形状,而不是图8-1中的水平直线了。特别是,这里的平均成本曲线具有向右上方倾斜的部分。在没有管制的条件下,垄断厂商生产其利润最大化产量 q_m,并据此确定垄断价格 P_m。

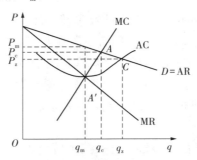

图8-2　垄断及其效率缺失

　　这种垄断均衡一方面缺乏效率,因为在垄断产量 q_m 上,价格高于边际成本;另一方面缺乏公平,因为在 q_m 上,垄断厂商获得了超额垄断利润,即经济利润不等于0,或者说,全部利润大于正常利润。现在,考虑政府的价格管制。政府应当制订什么样的价格为好呢？如果政府的目标是提高效率,则政府应当将价格定在 P_c 的水平上。当价格为 P_c 时,垄断厂商面临的需求曲线现在成为 P_cAD,从而边际收益曲线为 P_cA 和 $A'MR$,于是最大化产量为 Q_c。在该产量水平上,价格恰好等于边际成本,于是实现了帕累托最优。

　　显然,当政府将价格定为 P_c,从而实现了帕累托最优时,垄断厂商仍然可以得到一部分经济利润,即为平均收益超过平均成本的部分。如果政府试图制订一个更低的"公平价格"以消除经济利润,则该价格须为 P_z。在价格定为 P_z 时,产量为 Q_z。此时,平均收益恰好等于平均成本。因此,P_z 可称为零经济利润价格。但是,现在出现另一个问题,即在零经济利润价格水平上,帕累托最优条件被违反了:此时边际成本大于价格。因此,按照帕累托效率,在垄断情况下,产量太低、价格太高;而在零经济利润情况下,正好相反,价格太低、产量太高。

图 8-2 反映的是平均成本具有向右上方倾斜部分的垄断情况。现在考虑平均成本曲线不断下降的所谓自然垄断情况,如图 8-3 所示。图中,由于平均成本曲线 AC 一直下降,故边际成本曲线 MC 总位于其下方。在不存在政府管制时,垄断厂商的产量和价格分别为 q_m 和 P_m。当政府管制价格为 P_c 时,产量为 Q_c,达到帕累托效率。但是,如果要制订零经济利润价格 P_z,则在这种情况下,P_z 不是小于 P_c,而是要稍高一些。值得注意的是,在自然垄断场合帕累托最优价格 P_c 和最优产量 Q_c 上,垄断厂商的平均收益小于平均成本,从而出现亏损。因此,在这种情况下,政府必须补贴垄断厂商的亏损。

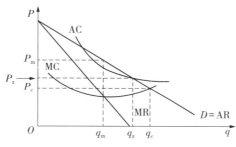

图 8-3 自然垄断及政府补贴

8.1.4 反托拉斯法

政府对垄断的更加强烈的反应是制定反垄断法或反托拉斯法。西方很多国家都不同程度地制定了反托拉斯法,其中,最为突出的是美国。这里以美国为例做一概括介绍。

19 世纪末和 20 世纪初,美国企业界出现了第一次大兼并。正如列宁在《帝国主义论》中所指出的那样,其结果是形成了一大批经济实力雄厚的大企业。这些大企业被称为垄断厂商或托拉斯。这里的垄断不只局限于指一个企业控制一个行业的全部供给的纯粹的情况,而且也包括几个大企业控制一个行业的大部分供给的情况。按照这一定义,美国的汽车工业、钢铁工业、化学工业等都属于垄断市场。垄断的形成和发展,深刻地影响到美国社会各个阶级和阶层的利益。从 1890 年到 1950 年,美国国会通过一系列法案,反对垄断。其中包括谢尔曼法(1890 年)、克莱顿法(1914 年)、联邦贸易委员会法(1914 年)、罗宾逊-帕特曼法(1936 年)、惠特-李法(1938 年)和塞勒-凯弗维尔法(1950 年),统称反托拉斯法。在其他西方国家中也先后出现了类似的法律规定。

美国的这些反托拉斯法规定,限制贸易的协议或共谋、垄断或企图垄断市场、兼并及排他性规定、价格歧视、不正当的竞争或欺诈行为等,都是非法的。例如,谢尔曼法规定:任何以托拉斯或其他形式进行的兼并或共谋,任何限制洲际或国际的贸易或商业活动的合同,均属非法;任何人垄断或企图垄断,或同其他个人或多人联合或共谋垄断洲际或国际的一部分商业和贸易的,均应认为是犯罪。违法者要受到罚款和(或)判刑处罚。克莱顿法修正和加强了谢尔曼法,禁止不公平竞争,宣布导致削弱竞争或造成垄断的不正当做法为非法。这些不正当的做法包括价格歧视、排他性或限制性契约、公司相互持有股票和董事会成员相互兼任。联邦贸易委员会法规定:建立联邦贸易委员会作为独立的管理机构,授权防止不公平竞争以及商业欺骗行为,包括禁止伪假广告和商标等。罗宾逊-帕特曼法宣布卖主为消除竞争而实行的各种形式的不公平的价格歧视为非法,以保护独立的零售商和批发商。惠特-李法修正和补充了联邦贸易委员会法,宣布损害消费者利益的不公平交易为非法,以保护消费者。塞勒-凯弗维尔法补充了谢尔曼法,宣布任何公司购买竞争者的股票或资产从而实质上减少竞争或企图造成垄断的做法为非法。塞勒-凯弗维尔法禁止一切形式的兼并,包括横向兼并、纵向兼并和混合兼并。这类兼并指大公司之间的兼并和大公司对小公司的兼并,而不包括小公司之间的兼并。

美国反托拉斯法的执行机构是联邦贸易委员会和司法部反托拉斯局。前者主要反对不正当的贸易行为,后者主要反对垄断活动。对犯法者可以由法院提出警告、罚款、改组公司直至判刑。

8.2　外部影响

8.2.1　外部影响及其分类

到目前为止,我们讨论的微观经济理论,特别是其中的"看不见的手"的原理,要依赖于一个隐含的假定:单个消费者或生产者的经济行为对社会上其他人的福利没有影响,即不存在所谓外部影响。换句话说,单个经济单位从其经济行为中产生的私人成本和私人利益被看成等于该行为所造成的社会成本和社会利益。但是,在实际经济中,这个假定往往并不能够成立。在很多时候,某个人(生产者或消费者)的一项经济活动会给社会上其他成员带来好处,但他自己却不能由此而得到补偿。此时,这个人从其活动中得到的私人利益就小于该活动所带来的社会利益。这种性质的外部影响被称为所谓外部经济。根据经济活动的主体是生产者还是消费者,外部经济可以分为"生产的外部经济"和"消费的外部经济"。另外,在很多时候,某个人(生产者或消费者)的一项经济活动会给社会上其他成员带来危害,但他自己却并不为此而支付足够抵偿这种危害的成本。此时,这个人为其活动所付出的私人成本就小于该活动所造成的社会成本。这种性质的外部影响被称为所谓外部不经济。外部不经济也可以视经济活动主体的不同而分为"生产的外部不经济"和"消费的外部不经济"。

1)生产的外部经济

当一个生产者采取的经济行动对他人产生了有利的影响,而自己却不能从中得到报酬时,便产生了生产的外部经济。生产的外部经济的例子很多。例如,一个企业对其所雇佣的工人进行培训,而这些工人可能转到其他单位去工作。该企业并不能从其他单位索回培训费用或得到其他形式的补偿。因此,该企业从培训工人中得到的私人利益就小于该活动的社会利益。

2)消费的外部经济

当一个消费者采取的行动对他人产生了有利的影响,而自己却不能从中得到补偿时,便产生了消费的外部经济。例如,当某个人对自己的房屋和草坪进行保养时,他的隔壁邻居也从中得到了不用支付报酬的好处。此外,一个人对自己的孩子进行教育,把他们培养成更值得信赖的公民,这显然也使其隔壁邻居甚至整个社会都得到了好处。

3)生产的外部不经济

当一个生产者采取的行动使他人付出了代价而又未给他人以补偿时,便产生了生产的外部不经济。生产的外部不经济的例子也很多。例如,一个企业可能因为排放脏水而污染了河流,或者因为排放烟尘而污染了空气。这种行为使附近的人们和整个社会都遭到了损失。再如,因生产的扩大可能造成交通拥挤及对风景的破坏等。

4)消费的外部不经济

当一个消费者采取的行动使他人付出了代价而又未给他人以补偿时,便产生了消费的外部不经济。和生产者造成污染的情况类似,消费者也可能造成污染而损害他人。吸烟便是一个明显的例子。吸烟者的行为危害了被动吸烟者的身体健康,但并未为此而支付任何东西。此外,还有在公共场所随意丢弃果皮、瓜子壳等。

上述各种外部影响可以说是无所不在、无时不在。尽管就每一个单个生产者或消费者来说,他造成的外部经济或外部不经济对整个社会也许微不足道,但所有这些消费者和生产者加总起来,所造成的外部经济或不经济的总的效果将是巨大的。例如,由于生产扩大而引起的污染问题现在已经严重危及人类自身生存环境了。

8.2.2　外部影响和资源配置失当

各种形式的外部影响的存在造成了一个严重后果:完全竞争条件下的资源配置将偏离帕累托最优状态。换句话说,即使假定整个经济仍然是完全竞争的,但由于存在着外部影响,整个经济的资源配置也不可能达到帕累托最优状态。"看不见的手"在外部影响面前失去了作用。

为什么外部影响会导致资源配置失当? 原因非常简单。例如,我们先来考察外部经济的情况。假定某个人采取某项行动的私人利益为 V_p,该行动所产生的社会利益为 V_s。由于存在外部经济,故私人利益小于社会利益:$V_p < V_s$。 如果这个人采取该行动所遭受的私人成本 C_p,大于私人利益而小于社会利益,即有 $V_p < C_p < V_s$,则这个人显然不会采取这项行动,尽管从社会的角度看,该行动是有利的。显而易见,在这种情况下,帕累托最优状态没有得到实现,还存在有帕累托改进的余地。如果这个人采取这项行动,则他所受损失部分为 $(C_p - V_p)$,社会上其他人由此而得到的好处为 $(V_s - V_p)$。 由于 $(V_s - V_p)$ 大于 $(C_p - V_p)$,

故可以从社会上其他人所得到的好处中拿出一部分来补偿行动者的损失。结果是使社会上的某些人的状况变好而没有任何人的状况变坏。一般而言,在存在外部经济的情况下,私人活动的水平常常要低于社会所要求的最优水平。

再来考察外部不经济的情况。假定某个人采取某项活动的私人成本和社会成本分别为 C_p 和 C_s。由于存在外部不经济,故私人成本小于社会成本: $C_p < C_s$。如果这个人采取该行动所得到的私人利益 V_p 大于其私人成本而小于社会成本,即有 $C_p < V_p < C_s$,则这个人显然会采取该行动,尽管从社会的观点看,该行动是不利的。显而易见,在这种情况下,帕累托最优状态没有得到实现,也存在帕累托改进的余地。如果这个人不采取这项行动,则他放弃的好处即损失为 $(V_p - C_p)$,但社会上其他人由此而避免的损失却为 $(C_s - C_p)$。由于 $(C_s - C_p)$ 大于 $(V_p - C_p)$,因此如果以某些方式重新分配损失的话,就可以使每个人的损失减少,也即使每个人的福利增大。一般而言,在存在外部不经济的情况下,私人活动的水平常常要高于社会所要求的最优水平。

8.2.3　有关外部影响的政策

如何纠正由于外部影响所造成的资源配置不当? 西方微观经济学理论提出如下政策建议。

1)使用税收和津贴

对造成外部不经济的企业,国家应该征税,其数额应该等于该企业给社会其他成员造成的损失,从而使该企业的私人成本恰好等于社会成本。例如,在生产污染情况下,政府向污染者征税,其税额等于治理污染所需要的费用。反之,对造成外部经济的企业,国家则可以采取津贴的办法,使企业的私人利益与社会利益相等。无论是何种情况,只要政府采取措施使私人成本和私人利益与相应的社会成本和社会利益相等,则资源配置便可达到帕累托最优状态。

2)使用企业合并的方法

例如,一个企业的生产影响到另外一个企业。如果影响是正的(外部经济),则第一个企业的生产就会低于社会最优水平;反之,如果影响是负的(外部不经济),则第一个企业的生产就会超过社会最优水平。但是,如果把这两个企业合并为一个企业,则此时的外部影响就消失了,即被内部化了。合并后的单个企业为了自己的利益将使自己的生产确定在其边际成本等于边际收益的水平上。而由于此时不存在外部影响,因此合并企业的成本与收益就等于社会的成本与收益,于是,资源配置达到帕累托最优状态。

3)使用规定财产权的办法

在许多情况下,外部影响之所以导致资源配置失当,是由于财产权不明确。如果财产权是完全确定的并得到充分保障,则有些外部影响就可能不会发生。例如,某条河流的上游污染者使下游用水者受到损害。如果给予下游用水者以使用一定质量水源的财产权,则上游的污染者将因把下游水质降到特定质量之下而受罚。在这种情况下,上游污染者便会同下游用水者协商,将这种权利从他们那里买过来,然后再让河流受到一定程度的污染。同时,遭到损害的下游用水者也会使用他出售污染权而得到的收入来治理河水。总之,由于污染者为其不好的外部影响支付了代价,因此其私人成本与社会成本之间不存在差别。

8.2.4 科斯定理

上述对付外部影响的最后一种办法,即规定财产权的政策,可以看作更加一般化的所谓科斯定理的特例,甚至连税收和津贴这种方法也可以看成科斯定理的一个具体运用。

关于科斯定理,科斯本人并没有一个明确的说法,其他西方经济学家则给出许多不同的表达方式。虽然这些表达方式大体上是相同的,但仍然存在着细微的差别。下面是一种比较流行的说法。

只要财产权是明确的,并且其交易成本为零或者很小,则无论在开始时将财产权赋予谁,市场均衡的最终结果都是有效率的。

为了说明这一定理,我们举一个具体的数字例子。假设有一个工厂,它向烟囱冒出的烟尘使居住于工厂附近的 5 户居民所洗晒的衣服受到污染,由此造成的损失为每户 75 元,故 5 户的损失总额为 $5 \times 75 = 375$ 元。 再假设存在着两种治理污染的办法:一是在工厂的烟囱上安装一个除尘器,其费用为 150 元;二是给每户居民提供一个烘干机,使他们不需要到外面去晒衣服。烘干机的费用为每户 50 元,5 户的成本总和是 250 元。显而易见,在这两种解决办法中,第一种的成本低,因而代表着最有效率的解决方案。这种最有效率的解决方案在西方经济学中就被称为帕累托最优状态。

按照科斯定理的含义,在上面的例子中,不论给予工厂以烟囱冒烟的权利,还是给予 5 户居民以晒衣服不受烟尘污染的权利(即上述的财产所有权的分配),只要工厂与 5 户居民协商时其协商费用(即上述的交易成本)为零或者很小,那么,市场机制(即自由进行交易)总是可以得到最有效率的结果(即采用安装除尘器的办法)。

为什么会如此呢? 按照科斯等西方经济学家的解释,如果把排放烟尘的财产所有权给予工厂,即工厂有权排放烟尘,那么,5 户居民便会联合起来,共同给工厂的烟囱义务安装一架除尘器,因为除尘器的费用只有 150 元,远远低于 5 架烘干机的费用 250 元,更加低于未装除尘器时晒衣服所受到的烟尘之害(375 元)。如果把晒衣服不受烟尘之害的财产权给予 5 户居民,那么,工厂便会自动地给自己安装除尘器,因为,在居民具有不受污染之害的财产权的条件下,工厂就有责任解决污染问题,而在两种解决污染的办法中,安装除尘器的费用较低。因此,科斯定理宣称,只要交易成本为零或者很小,则不论财产权归谁,自由的市场机制总会找到最有效率的办法,从而达到帕累托最优状态。

当然,科斯定理的结论只有在交易成本为零或者很小的情况下才能得到。如果不是这样,结果就会不同。例如,假设在工厂具有排放烟尘的财产权的条件下,如果 5 户居民联合在一起共同行动的费用很大(125 元),那么,为了共同行动给工厂安装除尘器,它们的总支出就是 $125 + 150 = 275$ 元。 在这种情况下,5 户居民便会各自去购买一架烘干机,因为这样做的结果总共只需要花费 250 元。然而,这却不是一个最有效率的结果。

在科斯提出以他的名字命名的定理之前,西方经济学家一般认为,市场机制这一"看不见的手"只有在不存在外部影响的情况下才会起作用。如果存在着外部影响,市场机制就无法导致资源的最优配置。科斯定理的出现则进一步强调了"看不见的手"的作用。按照这个定理,只要那些假设条件成立,则外部影响等也不可能导致资源配置不当。或者换言之,在所给条件下,市场力量足够强大,总能够使外部影响"内部化",从而仍然可以实现帕累托最优状态。

为什么财产权的明确和可转让具有这样大的作用呢? 按照西方学者的解释,其原因在于,明确的财产权及其转让可以使私人成本(或利益)与社会成本(或利益)趋于一致。若以图 8-4 的生产污染问题为例,则科斯定理意味着,一旦所需条件均被满足,则污染者的私人边际成本曲线 MC 就会趋于上升,直到与边际社会成本曲线 MC + ME 完全重合,从而污染者的利润最大化产量将从 X^* 下降到社会最优产量水平 X^{**}。

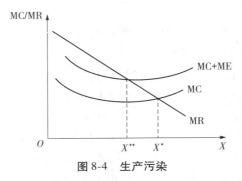

图 8-4 生产污染

具体说明如下。将财产权(例如使用河流的权力)明确赋予某人,并假定该权力可以自由买卖,则财产权对所有者来说就是一件有价值的特殊商品。特别是在生产污染例子中,财产权(即污染权或不被污染权)就是一种有价值的特殊生产要素。这种要素与资本和劳动一样,无论是生产者从市场上买到的,还是自身原来拥有的,都是生产成本的一部分。如果是从市场上买来的,毫无疑问便构成成本的一部分。如果是自身原来就拥有的,则可以出售获得收益。如果不出售而自己用于生产,则遭受的是本可出售获益的机会成本。因此,在这种情况下,生产者生产产品时就存在两种成本:一种是生产产品本身的成本,与其相对应的边际成本就是图 8-4 中的(生产的)私人边际成本曲线 MC,可称之为生产的边际成本;另一种是使用财产权所遭受的成本或机会成本,以及相应的使用财产权的边际成本。生产者的总成本应当是这两种成本之和。如果将使用财产权的边际成本加到生产的边际成本上去,则总的私人边际成本曲线就要从 MC 向上移动,利润最大化产量就要从 X^* 向左边减少。在完全竞争条件下的理想均衡状态中,可以期望加入使用财产权的边际成本之后所得到的总的私人边际成本与社会边际成本相一致,从而私人最优产量与社会最优产量相一致。

运用科斯定理解决外部影响问题在实际中并不一定真的有效。有以下几个难题。第一,资产的财产权是否总是能够明确地加以规定? 有的资源,例如空气,在历史上就是大家均可使用的共同财产,很难将其财产权具体分派给谁;有的资源的财产权即使在原则上可以明确,但由于不公平问题、法律程序的成本问题等也变得实际上不可行。第二,已经明确的财产权是否总是能够转让? 这就涉及信息是否充分以及买卖双方不能达成一致意见的各种原因,如谈判的人数太多、交易成本过高、谈判双方都能使用策略性行为等。第三,明确的财产权的转让是否总能实现资源的最优配置？显然，在这个过程中完全有可能得到这样的结果：它与原来的状态 X^* 相比有所改善，但并不一定恰好为 X^{**}。此外，还应该指出，分配产权会影响收入分配，而收入分配的变动可以造成社会不公平，引起社会动乱。在社会动乱的情况下，就谈不上解决外部影响的问题了。

8.3　公共物品和公共资源

8.3.1　排他性与竞争性

到目前为止，讨论的对象主要是所谓的私人物品，即那些在普通的市场上常见的物品，例如，用于吃的水果、用于穿的衣服，以及火车上的座位等。私人物品具有两个鲜明的特点：第一是排他性，只有对商品支付价格的人才能够使用该商品；第二是竞争性，如果某人已经使用了某个商品（如某一火车座位），则其他人就不能再同时使用该商品。实际上，市场机制只有在具备上述两个特点的私人物品的场合才真正起作用，才有效率。

然而，在现实的经济中，还存在着许许多多不满足排他性或竞争性特点的物品。如果一件物品不具有排他性，即无法排除一些人"不支付便使用"，则它毫无疑问就会带来外部影响，并造成市场机制的失灵。"国防"和"海鱼"是缺乏排他性的两个生动例子。一个公民即使拒绝为国防支付，也可以享受国防的好处；同样，我们也很难阻止渔民自由地在公海上捕捞海鱼。"国防"和"海鱼"的区别在于"竞争性"方面。这是因为，国防除了不具有排他性之外，同时也不具有竞争性。例如，新生人口一样享受国防提供的安全服务，但原有人口对国防的"消费"水平不会因此而降低。从某种程度上讲，道路和电视广播等也与国防一样既不具有排他性也不具有竞争性。在达到一定点之前，道路上多一辆汽车不会妨碍原有汽车的行驶；某个人打开电视广播同样不会影响其他人收听。另外，"海鱼"则毫无疑问是"竞争性"的，当某个人捕捞到一些海鱼时，其他人可能捕捞到的海鱼数量就减少了。

通常把国防这样一类既不具有排他性也不具有竞争性的物品叫作公共物品，而把海鱼这样一类只不具有排他性但却具有竞争性的物品叫作公共资源。公共物品和公共资源可以看作外部影响造成市场机制失灵的两个特殊例子。

1）公共物品的最优数量

我们先来回顾一下私人物品最优数量的决定。为简单起见，假定社会上只有 A 和 B 两个消费者，他们对商品的需求曲线分别由 D_A 和 D_B 表示。商品的市场供给曲线为 S，如图 8-5（a）所示。由于所讨论的是私人物品，故将消费者 A 与 B 的需求曲线 D_A 和 D_B 水平相加即得到某市场需求曲线 D。市场需求曲线 D 与供给曲线 S 的交点决定了该私人物品的均衡数量 Q_0 和均衡价格 P_0。这个均衡数量 Q_0 显然就是该私人物品的最优数量。这是因为在这个产量水平上，每个消费者的边际利益恰好等于商品的边际成本。我们知道，供给曲线代表了每个产量(供给量)水平上的边际成本,需求曲线代表了每个产量(需求量)水平上的边际利益。故当供给量为 Q_0 时,边际成本为 Q_0E;而在价格为 P_0 时,消费者 A 和 B 的需求量分别为 C 和 D,再根据需求曲线 D_A 和 D_B,相应的边际利益为 CA 和 DB。由图 8-5 可知,CA = DB = Q_0E,即每个消费者的边际利益均等于边际成本。

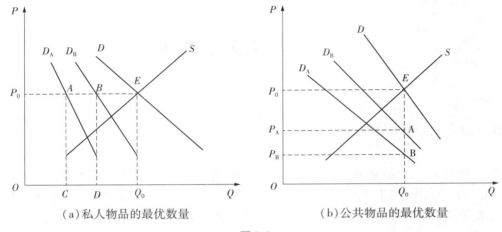

(a)私人物品的最优数量　　　　　　　(b)公共物品的最优数量

图 8-5

现在来看公共物品的情况,如图 8-5(b)所示。与私人物品的讨论一样,我们仍然假定每个消费者对公共物品的需求曲线是已知的,为 D_A 和 D_B,公共物品的市场供给曲线为 S。如何从个人的需求曲线形成市场的需求曲线呢? 这里的关键之处在于公共物品的市场需求曲线不是个人需求曲线的水平相加,而是它们的垂直相加,这是由公共物品消费上的非竞争特点决定的。由于消费上的非竞争性,每个消费者消费的都是同一个商品总量,因此每一消费者的消费量都与总消费量相等;另外,对这个总消费量所支付的全部价格,却是所有消费者支付的价格的总和。例如,设公共物品的数量为图 8-5(b)中的 R,消费者 A 和 B 的消费量于是都是 R。当 A 和 B 的消费量均为及时,他们所愿意的价格按各自的需求曲线分别为 L 和 N。因此,当消费量为 R 时,消费者 B 所愿意支付的价格之和就是 L + N = T。

有了公共物品的市场供求曲线,则公共物品的均衡数量即可决定,这就是:求曲线交点所指示的 Q_0。实际上,这个均衡数量 Q_0 也代表着公共物品的最优数量。要解释这一点并不困难。当公共物品数量为 Q_0 时,根据供给曲线,公共物品的边际成本为 P_0;而根据消费者的需求曲线,A 和 B 的边际利益分别为 P_B 和 P_A,从而得出总的社会的边际利益为 $P_B + P_A = P_0$。 于是,边际的社会利益等于边际成本,公共物品数量达到最优。这里值得注意的是,公共物品的最优标准与私人物品的最优标准不完全相同。在私人物品场合,最优标准是每个消费者的边际利益与边际成本相等。而在公共物品场合,最优标准是每个消费者的边际利益之和与边际成本相等。这个区别仍然是是否具有消费的竞争性这个基本特点。

2)公共物品与市场失灵

前文在假定每个消费者对公共物品的需求曲线均存在且已知的条件下,讨论了公共物品的最优数量的决定。但是,许多西方经济学家认为,这种讨论并没有多大的实际意义,原因是公共物品的需求曲线是虚假的。第一,单个消费者通常并不很清楚自己对公共物品的需求价格,更不用说去准确地陈述其对公共物品的需求与价格的关系。第二,即使单个消费者了解自己对公共物品的偏好程度,他们也不会如实地说出来。为了少支付价格或不支付价格,消费者会低报或隐瞒自己对公共物品的偏好。他们在享用公共物品时都想当"免费乘车者",不支付成本就得到利益。由于单个消费者对公共物品的需求曲线不会自动显示出来,因此我们无法将它们加总得到公共物品的市场需求曲线,并进而确定公共物品的最优数量。

尽管我们在实际上难以通过公共物品的供求分析来确定它的最优数量,但却可以有把握地说,市场本身提供的公共物品通常将低于最优数量,即市场机制分配给公共物品生产的资源常常会不足。我们知道,在竞争的市场中,如果是私人物品,则市场均衡时的资源配置是最优的。生产者之间的竞争将保证消费者面对的是等于商品的边际成本的同样的价格,消费者则在既定的商品产出量上展开竞争。某个消费者消费一单位商品的机会成本就是在市场价格上卖给其他消费者的同样一单位商品,故没有哪个消费者会得到低于市场价格而买到商品的好处。但是,如果是公共物品,情况将完全不同。任何一个消费者消费一单位商品的机会成本总为零。这意味着,没有任何消费者要为他所消费的公共物品去与其他任何人竞争。因此,市场不再是竞争的。如果消费者认识到他自己消费的机会成本为零,他就会尽量少支付给生产者以换取消费公共物品的权利。如果所有消费者均这样行事,则消费者们支付的数量就将不足以弥补公共物品的生产成本。结果便是低于最优数量的产出,甚至是零产出。

3)公共物品和成本—收益分析

公共物品的生产和消费问题不能由市场上的个人决策来解决,因此,必须由政府来承担起提供公共物品的任务。政府如何来确定某公共物品是否值得生产以及应该生产多少呢?在这里,西方经济学家经常提到的一个重要方法是成本—收益分析。

成本—收益分析是用来评估经济项目或非经济项目的。它首先估计一个项目所需花费的成本以及它所可能带来的收益,然后把二者加以比较,最后根据比较的结果决定该项目是否值得。公共物品也可以看作一个项目,并运用成本—收益分析方法来加以讨论。如果评估的结果是该公共物品的收益大于或至少等于其成本,则它就值得生产,否则便不值得。

8.3.2 公共资源

从上述对公共物品的分析中可知,一种物品,如果不具有排他性,则每个人出于自己的利益考虑,就会尽可能多地去利用它。据说在这种情况下,如果该物品又具有竞争性的特点,即是所谓的"公共资源",则它可能很快就会被过度地使用,从而造成灾难性的后果。下面我们以被西方学者经常使用的"公地的悲剧"为例来说明。考虑这样一个乡村,村里有一块公共土地,村民们在这块公地上放牧奶牛。我们的问题是:在这块公地上放牧的最优奶牛数量是多少?实际放牧的奶牛数量又是多少?下面的分析将表明:如果每一个村民都能够毫无限制地使用公地,则实际的均衡奶牛数量将远远超过它的最优水平。由此引起的后果就是:公地将由于长期的超载放牧而日益衰落。这就是所谓的"公地的悲剧"。

先来看公地上的最优放牧量的决定。对这个问题的回答显然取决于整个乡村集体在奶牛放牧上的边际收益和边际成本。我们把乡村集体的边际收益和边际成本分别称为"边际社会收益"和"边际社会成本"。如果放牧奶牛的边际社会收益超过了相应的边际社会成本，则意味着，增加放牧的奶牛数量能够给整个乡村带来更多的好处；反之，如果放牧奶牛的边际社会收益小于相应的边际社会成本，则意味着，减少放牧的奶牛数量对整个乡村来说更加有利。对整个乡村来说，最优的（也就是能够使整个乡村的利润达到最大的）放牧量应当使边际社会收益恰好等于边际社会成本。

我们用 x 来表示公地上放牧的奶牛的数量。为简便起见，假定每头奶牛每天可生产牛奶 1 千克。于是，x 头奶牛每天总共可生产牛奶 x 千克。设牛奶的需求函数为：

$$P = a - bx$$

式中，P 是牛奶的市场价格，a 和 b 均为大于零的常数。于是，放牧 x 头奶牛的总社会收益 TR 和边际社会收益 MR 分别为：

$$TR = Px = ax - bx^2$$
$$MR = TR = (ax - bx^2)' = a - 2bx$$

再设购买一头奶牛需要花费 1 000 元钱，并假定这就是喂养奶牛的所有支出。于是，放牧了 x 头奶牛的总社会成本 TC 和边际社会成本 MC 分别为：

$$TC = 1\,000x$$
$$MC = TC = 1\,000$$

使整个乡村的利润达到最大的条件是边际社会收益 MR 等于边际社会成本 MC，即：

$$a - 2bx = 1\,000$$

解之即得公地的最优放牧量 x。

现在来看公地的实际放牧量（也即均衡放牧量）的决定。这个乡村果真能够按照上述使整个乡村集体的利润达到最大的条件来确定其实际的放牧量吗？在两种情况下，可以做到这一点。一是该乡村做出集体决策来规定在公地上放牧的奶牛数量，任何个人不得超过所规定的数量进行放牧。在这种情况下，只要所规定的放牧数量恰好等于 x，并且，能够以有力的措施来保证这些规定得到切实的贯彻执行，则结果就是最优的。另一种情况是乡村的公地由某个个人所有。在这种情况下，公地的所有者就能够像乡村集体决策时一样对进入公地放牧的奶牛数量进行限制：他可以购买恰当数量的奶牛来实现自己的利润最大化。由于在这种情况下，公地的利益就是公地所有者的个人利益，因此此时使公地所有者利润最大化的放牧量也就是公地的最优放牧量。

但是，如果对公地的使用没有明确的规定，也不存在着乡村的集体决策，则结果就可能不是最优的。如果放任村民们自由地和不受任何限制地在公地上免费放牧，就会上演一场"公地的悲剧"，即实际的奶牛放牧量将会大大超过其最优的水平。结果，公地的草场将由于长期的超载放牧而不断地被破坏、被损坏，日益凋零和衰落下去。

为什么缺乏限制的自由放牧会造成如此的后果呢？这是因为，如果每一个村民都可以无限制地自由使用公地，则他们就会根据自己的（注意，不是乡村集体的）利润最大化考虑而行事。也就是说，他们将把自己的放牧数量确定在边际私人收益和边际私人成本相等的地方。按照前面的假定，每个村民个人的边际私人成本很清楚，就是他购买一头奶牛时支付的价格1 000元,这一点与乡村集体的边际社会成本是一致的。但是,边际私人收益是什么呢?它会不会与乡村集体的边际社会收益一致呢? 如果也是一致的,则个人的行为就将完全与集体的行为一样,也就不会有什么公地的悲剧了。可惜的是,并没有这样的好事。

假定某个村民决定增加一头奶牛。这个行动意味着整个乡村放牧的奶牛总量和生产的牛奶总量增加了,而牛奶总量的增加将导致牛奶的市场价格下降。牛奶市场价格的下降不仅使该村民的边际私人收益下降,而且也使整个乡村的边际社会收益下降。但是,比较而言,整个乡村的边际社会收益下降的程度要更大一些。这是因为,当一个村民决定增加自己的奶牛数量从而使牛奶的市场价格下降时,不仅他自己生产的牛奶的价格及边际收益下降了,而且其他村民生产的牛奶的价格以及边际收益也下降了。但是,该村民在计算自己的边际私人收益时,却只需要考虑自己产品的价格下降以及收益损失,而无须考虑其他村民的产品价格下降以及收益损失。另外,我们在计算价格下降对整个乡村的社会收益的影响时,则不仅要考虑该村民的私人收益的损失,还要考虑所有其他村民的私人收益的损失。因此,随着某个村民的放牧量的增加,该村民的边际私人收益的下降幅度比整个乡村的边际社会收益的下降幅度要小。二者之间的差别的大小则取决于该村民拥有的奶牛数量在整个乡村的奶牛总量中所占的比例。这个比例越大,则边际私人收益与边际社会收益的差别就越小。特别是,当该村民拥有的奶牛数量的比例达到100%,也即乡村的全部奶牛都归该村民所有时,他的边际私人收益就等于边际社会收益——因为此时他增加放牧量不会给其他村民造成损失。另外,该村民拥有的奶牛数量的比例越小,则边际私人收益与边际社会收益的差别就越大。特别是,当该村民新增加的那头奶牛就是他的唯一的奶牛时,边际私人收益与边际社会收益的差别达到最大。实际上,他的边际私人收益此时将等于放牧奶牛的平均收益。

关于"公地的悲剧"这个例子,应该指出,它并不能说明对土地的个人所有优于集体所有。因为,这个例子也同样可以说明,在对土地的使用明确规定或在集体决策下,"公地的悲剧"不会出现。此外,集体所有还可以避免各种"私地的悲剧"。例如,在一片公有的海滩上,每个人都可以享受到海浴和观海的乐趣,但是如果私人拥有该海滩并圈起了篱笆,大家的乐趣会因此而被剥夺。

8.3.3 公共选择理论

对公共物品(以及公共资源)的处理涉及与政府行为有关的"集体选择"。所谓集体选择,就是所有的参加者依据一定的规则通过相互协商来确定集体行动方案的过程。公共选择理论则特别注重研究那些与政府行为有关的集体选择问题。

1)集体选择的规则

(1)一致同意规则

所谓一致同意规则,是指一项集体行动方案只有在所有参加者都认可的情况下才能够实施。这里的"认可"意味着赞成或者至少不反对。换句话说,在一致同意规则下,每一个参加者都对将要达成的集体决策拥有否决权。例如,联合国安理会的任何议案都必须得到五个常任理事国的一致认可才可实施,如果有一个反对,则相关议案即被否决。由于每一个参加者都拥有否决权,任何一个有可能损害某些参加者利益的集体行动方案都会被否决,于是,一致同意规则便具有如下的优点:第一,能够充分地保证每一个参加者的利益;第二,可以避免发生"免费乘车"的行为;第三,如果能够达成协议,则协议将是帕累托最优的。一致同意规则的缺点则在于:达成协议的成本常常太大,在许多情况下甚至根本就无法达成协议。

（2）多数规则

所谓多数规则,是指一项集体行动方案必须得到所有参加者中的多数认可才能够实施。这里的多数,可以是简单多数,即超过总数的一半;也可以是比例多数,如达到总数的 2/3 以上。美国国会、州和地方的立法常常使用简单多数规则,但在弹劾和罢免总统、修改宪法时,则采取 2/3 的比例多数规则。与一致同意规则相比,多数规则的协商成本较低,也更加容易达成协议。多数规则存在的问题是:第一,它忽略了少数派的利益。由多数派赞成通过的集体协议强迫少数派也要服从。第二,可能出现"收买选票"的现象。这是因为,在多数规则的条件下,单个参加者的选择对最终的结果影响不大,具有可忽略性,从而一部分选民有可能不重视自己的选举权。这样一来,选举就有可能被利益集团所操纵:利益集团通过一定的小的代价来收买那些不重视自己选举权而打算不投票或投弃权票的选民,让他们按利益集团的意愿投票。第三,在多数规则下,最终的集体选择结果可能不是唯一的。不同的投票秩序会导致不同的集体选择结果,使社会成员做出前后不相一致甚至可能相互矛盾的决策。这就是所谓的周期多数现象。

（3）加权规则

一个集体行动方案对不同的参加者会有不同的重要性。于是,可以按照重要性的不同,给参加者的意愿"加权",即分配选举的票数。相对重要的,拥有的票数就较多;否则,就较少。所谓加权规则,就是按实际得到的赞成票数(而非人数)的多少来决定集体行动方案。

（4）否决规则

这一规则的具体做法如下:先让每个参加对集体行动方案投票的成员提出自己认可的行动方案。汇总之后,再让每个成员从中否决掉自己所反对的那些方案。这样一来,最后剩下的没有被否决掉的方案就是所有成员都可以接受的集体选择结果了。如果有不止一个方案留了下来,就再借助于其他投票规则(如一致同意规则或多数规则等)来进行选择。否决规则的优点是显而易见的,因为经过这一规则筛选之后留下来的集体行动方案都将是帕累托最优的。

2）最优的集体选择规则

上面所说的各种集体选择规则都是有利有弊的。这就产生了如何确定最优的集体选择规则的问题,即按照什么样的规则来进行集体选择,才能保证所得到的结果是最有效率的?在这方面,西方公共选择理论家们提出了两个主要的理论模型。

（1）成本模型

按照这一模型,任何一个集体选择规则都存在着性质完全不同的两类成本。一类称为决策成本,指的是在该规则下通过某项集体行动方案(即做出决策)所花费的时间与精力。集体决策的形成需要参加者之间不同程度的讨价还价。随着人数的不断增加,讨价还价行为发生的可能性将成倍增加,从而决策成本也将成倍增加。另一类是外在成本,指的是在该规则下通过的某项集体行动方案与某些参加者的意愿不一致而给他们带来的损失。当通过的某项集体行动方案与某些参加者个人的实际偏好一致时,这些参加者个人承担的外在成本就等于零;而当两者不相一致时,他们承担的外在成本就大于零。显而易见,随着这种不一致的人数和程度的增加,外在成本的总量也将增加。对于不同的集体选择规则,决策成本和外在成本的大小是不一样的。例如,与一致同意规则相比,多数规则的决策成本可能较低,因为容易做出决策,但外在成本却可能较高,因为决策的结果可能和很多人的意愿不一致。决策成本和外在成本之和叫作相互依赖成本。最优集体选择规则的成本模型的结论是,理性的经济人将按最低的相互依赖成本来决定集体选择的规则。

(2)概率模型

与成本模型不同,寻找最优集体选择规则的概率模型并不是乞求社会相互依赖成本的最小化,而是力图使集体决策的结果偏离个人意愿的可能性达到最小。根据这一模型,最好的集体选择规则就是那种能使上述偏离可能性达到最小的规则。西方一些公共选择理论家证明,按照这一标准,集体选择中的多数规则是一种比较理想的规则。

3)政府官员制度的效率

按照公共选择理论,政府官员制度是指那种由通过选举所产生的、被任命的,以及经过考试而录用的政府官员来管理政治事务的制度。总的来说,这种政府官员制度的效率是比较低的。其原因如下。

首先是缺乏竞争。政府的各个部门都是某些特殊服务的垄断供给者。没有任何其他的机构可以替代这些政府部门的工作。由于缺乏竞争,政府部门的效率一般都比较低下。此外,由于缺乏竞争的对手,人们常常甚至无法判断政府部门的成本即每年的财政支出是否太多,或者,它们的产出即所提供的服务是否太少,即很难准确地判定政府部门的效率。

其次是机构庞大。政府官员一般不会把利润最大化(或成本最小化)作为自己的主要目标,因为他很难把利润直接占为己有。政府官员追求的主要是规模(官员机构)的最大化,因为规模越大,官员们的地位就越高,权力就越大,得到进一步提升的机会就越多。

最后是成本昂贵。政府官员会千方百计地增加自己的薪金,改善工作条件,减轻工作负担,从而不断地提高他们的服务的成本,导致浪费的极大化。

公共选择理论认为,解决政府官员制度低效率的主要途径是引入竞争机制。具体做法是:第一,使公共部门的权力分散化。分散有利于减少垄断的成分。例如,可以把过于庞大的公共机构分解成几个较小的、有独立预算的机构。第二,由私人部门承包公共服务的供给。由政府投资的公共服务,并不一定必须由政府来生产。例如,街道清扫、垃圾处理、消防、教育、体检等公共服务的生产都可以实行私有化。第三,在公共部门和私人部门之间展开竞争。如果允许私人部门和公共部门一样提供公共服务,则它们之间就会展开竞争,竞争将提高公共部门的效率。第四,加强地方政府之间的竞争。地方政府的权力不仅受到公民选票的制约,而且受到居民自由迁移的制约。当一个地方政府的公共服务的成本(税收)太高而质量太低时,居民就可能迁移到其他地区去。居民的迁出会减少当地政府的税收。因此,地方政府之间的竞争也可以促使它们提高效率。

8.4 信息的不完全和不对称

8.4.1 信息、信息的不完全和不对称

和普通商品一样,信息也是一种很有价值的资源,它能够提高经济主体的效用和利润。例如,消费者如果知道商品的质量,就能够避开那些质次价高的东西;生产者如果了解市场的需求,就能够提供恰到好处的供给。

和普通商品不同,信息在"质"和"量"上又有其独特的性质。

第一,从质的方面看,信息有点类似于我们前面讨论过的"公共物品"。信息显然不具有竞争性,因为信息可以被许多人同时利用。信息在一定的程度上也可以说没有排他性:信息的最初所有者当然可以封锁信息,秘而不宣,但是,一旦信息被卖出去之后,他就很难阻止信息的买主再向其他人传播。

第二,从量的方面看,确定信息的价值大小也不像确定普通商品的价格那样简单。人们常常采用比较的方法来计算信息的价值:获得新的信息可能会促使经济主体改变自己的决策,而决策的改变又可能导致预期收益的变化,于是可以用预期收益的变化来确定这一新增信息的价值。下面用一个具体的例子加以说明。

某鲜鱼零售商考虑为明天的销售而进货。他的鱼池的容量有限,最多只能进货 800 千克鲜鱼。鲜鱼的进货价格是每千克 6 元,而明天的销售价格则是不确定的。为简便起见,假定明天鲜鱼的销售价格只存在如下两种情况:有 50% 的可能性行情很好,价格为每千克 8 元,此时,每进货和销售一千克鲜鱼可赢利 2 元;也有 50% 的可能性行情不好,价格为每千克 4 元,此时,每进货和销售一千克鲜鱼会亏损 2 元。现在要问:在信息完全和信息不完全的情况下,该零售商将如何决定自己的进货计划? 相应的预期利润又是多少?

首先来看信息完全的情况。信息完全意味着,零售商能够事先确切地知道明天的鲜鱼销售价格,从而可以据此做出正确的进货计划:如果确知明天行情好,价格为每千克 8 元,则今天就把进货量定在最大,即 800 千克,这样,赚得的利润就是 $2 \times 800 = 1\,600$(元);如果确知明天行情不好,价格为每千克 4 元,则今天就把进货量定在最小,即 0 千克,这样,赚得的利润就是 0 元。由于明天的行情好和不好的可能性均为 50%,故在信息完全的条件下,零售商的预期利润为:

$$50\% \times 1\,600 + 50\% \times 0 = 800(元)$$

现在来看信息不完全对零售商的预期利润的影响。当信息不完全时,零售商无法事先确切地知道明天的鲜鱼销售价格。在这种情况下,他如何决定自己的进货计划呢? 容易证明,此时零售商无论进货多少,预期利润都是 0 元。例如,我们假定零售商进货 x 千克鲜鱼。

如果明天行情好,鲜鱼的销售价格为每千克 8 元,则可赢利 $2x$ 元;如果明天行情不好,鲜鱼的销售价格为每千克 4 元,则会亏损 $2x$ 元。于是,在信息不完全的条件下进货 1 千克鲜鱼的预期利润就等于:

$$50\% \times (2x) + 50\% \times (-2x) = 0(元)$$

用零售商在信息完全情况下的预期利润减去信息不完全情况下的预期利润,即可求得(对该零售商而言)完全信息的价值:

$$800 - 0 = 800(元)$$

由此可见,信息的作用是:减少经济主体的决策风险和失误,从而提高他的预期收益。正是出于这个原因,人们需要信息,并乐意出钱出力去搜寻和购买它。在上面的例子中,鲜鱼零售商愿意花费不超过 800 元的代价去获得关于明天鲜鱼销售情况的完全信息。

完全竞争模型的一个重要假定是完全信息,即市场的供求双方对于所交换的商品具有充分的信息。例如,消费者充分地了解自己的偏好函数,了解在什么地方、什么时候存在有何种质量的以何种价格出售的商品;生产者充分地了解自己的生产函数,了解在什么地方、什么时候存在有何种质量的以何种价格出售的投入要素等。完全信息的假定(以及其他一些关于完全竞争市场的假定)保证了帕累托最优状态的实现。

显而易见,上述关于完全信息的假定并不符合现实。在现实经济中,信息常常是不完全的,甚至是很不完全的。在这里,信息不完全不仅是指那种绝对意义上的不完全,即由于认识能力的限制,人们不可能知道在任何时候、任何地方发生的或将要发生的任何情况,而且是指相对意义上的不完全,即市场经济本身不能够生产出足够的信息并有效地配置它们。这是因为,作为一种有价值的资源,信息不同于普通的商品。人们在购买普通商品时,先要了解它的价值,看看是否值得买。但是,购买信息商品却无法做到这一点。人们之所以愿意出钱购买信息,是因为还不知道它,一旦知道了它,就没有人会愿意再为此进行支付。这就出现了一个困难的问题:卖者让不让买者在购买之前就充分地了解所出售的信息的价值呢?如果不让,则买者就可能因为不知道究竟是否值得而不去购买它;如果让,则买者又可能因为已经知道了该信息也不去购买它。在这种情况下,要能够做成"生意",只能靠买卖双方的并不十分可靠的相互信赖:卖者让买者充分了解信息的用处,而买者则答应了解信息的用处之后即购买它。显而易见,市场的作用在这里受到了很大的限制。

进一步分析起来还会发现,不同的经济主体缺乏信息的程度往往还是不一样的。市场经济的一个重要特点是,产品的卖方一般要比产品的买方对产品的质量有更多的了解。例如,出售二手汽车的卖主要比买主更加了解自己汽车的缺陷;出售"风险"的投保人要比保险公司更加了解自己所面临风险的大小;出售劳动的工人要比雇主更加了解自己劳动技能的高低。上述种种情况都是所谓"信息不对称"的具体表现,即有些人比其他人拥有更多的相关信息。

在信息不完全和不对称的情况下,市场机制有时就不能很好地起作用。例如,由于缺乏足够的信息,生产者的生产可能会带有一定的盲目性:有些产品生产过多,而另一些产品又生产过少;消费者的消费选择也可能会出现"失误",比如购买了一些有害健康的"坏"商品,而错过了一些有益健康的"好"商品。更坏的情况是,由于缺乏足够的信息,有些重要的市场甚至可能根本就无法产生,或者即使产生,也难以得到充分的发展。下面以不同市场上的信息不完全和不对称为例,具体说明各种情况下的市场失灵问题。

8.4.2 信息与商品市场

在现实的经济生活中,存在着一些似乎与常规不相一致的东西。例如,我们知道,如果降低某种商品的价格,对该商品的需求量就会增加,这是一般商品的需求规律——需求曲线向右下方倾斜。但是,当消费者掌握的市场信息不完全时,他们对商品的需求量就可能不随价格的下降而增加,而是相反,随价格的下降而减少。这时,就出现了所谓的"逆向选择"问题。又例如,我们知道,如果提高某种商品的价格,对该商品的供给量就会增加。这是一般商品的供给规律——供给曲线向右上方倾斜。但是,当生产者掌握的市场信息不完全时,他们对商品的供给量也可能不随着价格的上升而增加,而是相反,随价格的上升而减少。这时,也出现了逆向选择的问题。总之,当商品的需求变化或者供给变化出现异常时,我们就遇到了逆向选择问题。对于市场机制来说,逆向选择的存在是一个麻烦,因为它意味着市场的低效率,意味着市场的失灵。

考虑某种商品例如 X 商品市场。在以前分析完全竞争市场(以及其他一些不完全竞争市场)时,我们并没有讨论商品的质量问题。现在假定,在 X 商品市场中,商品的质量不一,有的好些,有的差些。引入质量问题以后,对我们以前的分析会有什么样的影响呢? 如果消费者(以及其他人)具有完全的信息,则不会有什么影响。消费者会把不同质量的 X 看作不同的商品。例如,把其中质量最好的看作 X_1,把稍差一些的看作 X_2,把更差一些的看作 X_3,如此等等。对于不同质量的 X 商品,消费者愿意支付的价格当然不同,例如,对高质量商品愿意支付较高的价格。对于同一质量的商品,例如 X_1,如果价格越高,则显然消费者将购买得越少。因此,消费者对任意一种质量的商品的需求曲线仍然是向右下方倾斜的。这就是说,即使考虑不同质量的商品,但只要消费者的信息是完全的,我们的分析就不会与以前的完全竞争模型有何不同。

现在来看不完全信息的后果。假定消费者只知道 X 商品有不同的质量,但并不具体知道其中哪一个质量高、哪一个质量低。在这种情况下,消费者如何进行判断呢? 消费者可以根据生产者的商品保修期限的长短来判断。保修期限长常常意味着产品质量高,因为对于低质产品来说,较长的保修期是不划算的,它会大大提高维修成本。消费者也可以根据生产者的生产规模的大小来判断。大规模生产者的产品似乎要更加可靠一些,不会像"小本经营"者那样可能突然消失。

除了保修期限和生产规模之外,消费者还常常根据商品的价格来判断商品的"平均"质量。我们知道,随着某种商品的价格下降,市场上该商品的供给量就会减少。但是,一方面,在减少的供给量中,主要是那些质量较高的商品,而不是质量较低的商品,因为生产高质产品在较低价格之下将不再划算,其结果是,剩下来的商品的平均质量就会下降。另一方面,随着价格的上升,供给将增加,但主要增加的是那些质量更高一些的商品,因为现在生产它们也变得有利可图,其结果是,商品的平均质量上升了。总之,消费者有理由相信,随着某种商品价格的上升,该商品的平均质量也将上升,反之亦然。

图 8-6 描绘了商品的价格与其平均质量之间的关系。图中横轴 P 代表商品价格,纵轴 q

代表商品的平均质量。图中曲线 Q_e 为价格—质量曲线。价格—质量曲线的特点是向右上方倾斜,表示商品的平均质量将随其价格的上升而上升。除此之外,该曲线还具有两个特点:一是它向上凸出;二是它与横轴的交点大于零。向上凸出意味着,尽管商品的平均质量是随着价格的上升而上升的,但上升的速度却越来越慢。换句话说,价格变动对平均质量的影响是递减的。与横轴的交点大于零意味着,在价格下降到零之前,平均质量就将已经下降到零。

从商品的价格与其质量之间的关系,可以得到商品的价格与其所谓"价值"之间的关系,而从后面这种关系,就可以推导在消费者信息不完全条件下的商品需求曲线。消费者在购买商品时不仅要考虑它的价格,而且要考虑它的质量。一件商品,即使价格很低,如果质量太差,也不会有人问津;反之,如果价格较高,但质量很好,也值得购买。价格和质量这两个指标可以综合在一起构成一个新的指标,即每单位价格上的质量 q/P。这个指标可以叫作商品的价值。消费者购买时要考虑他在该商品上

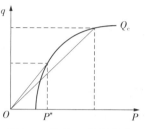

图 8-6 价格—质量曲线

支出的每单位价格所得到的质量,即要考虑该商品的价值。在不同的价格水平上,商品的平均质量是不同的,该平均质量与价格的比值即商品的价值也是不同的。在图 8-6 中,每一价格水平上的商品价值 q/P 的几何表示是:价格—质量曲线在相应价格水平上的点到原点的连线的斜率。由图 8-6 可见,这个连线的斜率在价格为 P^* 时达到最大。换句话说,商品的价值在一开始时随着价格的上升而上升,上升到最高点之后,再随着价格的上升而下降。

现在可以来看消费者的需求曲线了。消费者追求的是商品的最大价值。这个最大价值根据图 8-6 在价格为 P^* 时达到。因此,我们可以认为,消费者对商品的需求在价格为 P^* 时达到最大。当价格由 P^* 水平上升或者下降时,由于商品的价值都是下降的,因此消费者对商品的需求量也将是下降的。由此,我们就得到了一条与以前所遇到的很不相同的需求曲线:它不再只是向右下方倾斜,而且还包含有一段向右上方倾斜的部分。需求曲线现在是向后弯曲的,这条向后弯曲的需求曲线在图 8-7 中表示为曲线 D。在图 8-7 中,当纵轴代表的价格 P 恰好为 P^* 时,横轴的需求量 Q 达到最大,为 Q_d。当价格高于 P^* 时,需求曲线与通常的一样,向右下方倾斜;当价格低于 P^* 时,需求曲线出现异常,向右上方倾斜。

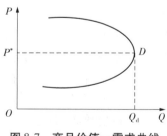

图 8-7 商品价值—需求曲线

由于假定不完全信息只出现在消费者一方,故只有消费者的需求方面出现异常,生产者的供给方面仍然是与以前一样,不会有任何变化。特别是,生产者的供给曲线将仍然是向右上方倾斜的。现在把向右上方倾斜的供给曲线与向后弯曲的需求曲线合在一起考虑市场的均衡情况。

8.4.3 信息与保险市场

以上说的是,在消费者的信息为不完全的条件下,降低商品的价格不一定能够刺激对该商品的需求;同样,在生产者的信息为不完全的条件下,提高商品的价格也不一定能够刺激

该商品的供给。

我们以保险市场为例来加以说明。保险实际上是一种特殊的商品,它由专门的保险公司提供。这种特殊商品的价格就是保险费用。保险公司的信息也是不完全信息。例如,保险公司知道,在购买汽车保险的人当中,有一些人相对来说更加容易出事故。这些人开车时总是漫不经心,有时还喜欢喝一点酒等。保险赔偿主要就是被支付给了这些人。如果保险公司能够事先从投保人中区分出易出事故者,它就可以提高这些"高危"人群的保险价格,用来弥补可能的损失。但可惜的是,这一点很难做到。漫不经心的开车者不会自动向保险公司承认自己的弱点,喜欢酒后开车的人则会千方百计对保险公司隐瞒。保险公司所能做的不过是"亡羊补牢":在续签保险合同时,提高那些已经出过事故的人的保险价格。

问题还不仅仅局限于此。对保险公司来说,更坏的情况是,那些最容易出事故的开车人常常也是购买保险最积极的人。保险公司不知道他们的底细,但他们自己知道自己的底细。他们知道自己出事故的可能性比较大,因而更加需要保险公司的帮助,也愿意接受较高的费用。与此不同,那些一直谨慎驾驶的人,也知道自己的"优点"——出事故的可能性较小。这些"好"的投保人购买保险的心情就不如"坏"的投保人那么迫切,也不像后者那么愿意为保险支付高费用。

这就产生了一个重要的结果:提高保险价格当然会减少人们对保险这种商品的需求,但是,在减少的保险需求中,主要的却是那些相对"好"的投保人对保险的需求,他们现在不再愿意为保险支付过高的价格,而在留下来的投保人中,主要的则是那些相对"坏"的投保人,因为他们宁愿为得到保险支付更高一些的价格。这样一来,随着保险价格的上升,投保人的结构就发生了变化:"坏"的投保人所占的比例越来越大,"好"的投保人所占的比例越来越小。随着"坏"投保人的比例越来越高,保险公司对每一投保人的平均赔偿也将增加,因为平均赔偿要取决于出事故的平均概率的大小。为简便起见,假定保险公司的全部成本就是对投保人所遭受损失的赔偿,而不考虑例如工作人员的工资等其他成本。在这种情况下,保险公司的平均损失就等于它的平均赔偿。由此便可得到这样的结论:保险公司的平均损失将随保险价格的提高而提高。特别是当保险价格在较高水平上继续增加时,投保人的结构会急剧恶化,从而平均损失会急剧上升,超过上升的保险价格所带来的好处。

从保险价格与平均损失之间的关系可以了解到保险供给的特殊性质。一方面,如果保险价格过低,经营保险肯定亏损,保险公司将不再愿意提供保险;另一方面,如果保险价格过高,经营保险也会发生亏损,保险公司也不会愿意提供保险。由此可以推出一个结论:存在一个对保险公司来说是"最优"的保险价格,当保险价格恰好等于该价格时,保险供给量达到最大。如果让保险价格从这个最优水平上开始上升,保险供给量就将不是增加,而是下降。

实际上,在保险市场中,信息的不完全性不仅会扭曲保险市场中供给者即保险公司的行为,而且也会扭曲保险市场的需求者即投保人的行为。当保险公司很难了解到投保人具体情况的条件下,保险这种商品往往会诱发投保人的败德行为:在没有购买到保险以前,那些潜在的投保人总是小心翼翼提防着风险,随时随地准备采取避免风险的行动,以尽量减少风险出现而导致的损失,因为在这种情况下,风险所造成的损失是完全由他自己承担的;然而,一旦购买到保险之后,这些投保人往往就变得粗心大意起来,不再像以前那样谨慎,因为此时出现风险的损失不再只由投保人自己来承担,而要由保险公司承担一部分甚至全部。从保险公司的角度来看,投保人的这种败德行为,就是他们所面临的道德危险。在信息不完全的时候,投保人败德行为或保险公司所面临的道德危险会进一步造成市场机制的困难。实际上不难看出,这不过是我们分析过的外部影响的又一个例子。

8.4.4 信息与劳动市场

在劳动市场上,招聘者应该实行什么样的工资策略呢?是用较低的工资来降低经营的成本,还是用较高的工资吸引高效率人才呢?一句话,什么是招聘者的最优工资策略?

对这个问题的回答在很大程度上取决于劳动市场的性质。和其他市场一样,劳动市场的一个典型特点也是信息不完全。其中一个重要方面是招聘者的信息不完全。招聘者对应聘者的情况是既有所了解又不很了解。招聘者知道,不同的应聘者具有不同的工作效率,有的高些,有的低些,但却不知道究竟哪一个或者哪一些人的效率高,哪一个或者哪一些人的效率低。招聘者可以通过面谈、审查简历、看推荐信等方法来试图尽可能多地了解应聘者的情况。这些做法尽管有所帮助,但无论如何不能真正确定应聘者效率的实际高低;招聘者也可以对决定雇佣的人员规定一个试用期。如果在试用期中发现应聘者的表现并不令人满意,就可及时解聘他们。不过,这种补救措施的作用也不会很大。无论解聘如何及时,已经造成的损失是无法挽回的,而且,雇佣有用人才的机会也可能已经丧失,不会再来。

信息不完全对招聘者行为的影响是很重要的。如果招聘者能够真正了解应聘者,他就会设定不同的工资水平来招收具有不同工作效率的应聘者,即用高工资招聘高效率者,用低工资招聘低效率者。总之,他会力图做到使所支付的工资与从相应应聘者身上得到的回报相等。但是,招聘者实际上并不能够真正了解每一个具体的应聘者,更无法做到使工资与回报相等。在这种情况下,招聘者常常只好对所有的(或至少是很大一批数量的)应聘者“一视同仁”,即用相同的工资水平来招聘他们。

现在的问题是,招聘者如何来确定这个“一视同仁”的工资水平呢?招聘者当然知道,如果他降低工资,应聘者的数量肯定就会减少。但是,他还会发现,在由于低工资而减少的应聘者中,主要的是那些工作效率较高的人,而不是工作效率较低的人。这是因为,工作效率较高的人明白自己的“价值”,认为不值得为低工资而工作;而工作效率较低的人也清楚自己的底细,尽管工资低一些,还是愿意接受。这样一来,工资下降的结果就是应聘队伍结构的变化:高效率应聘者所占比例不断下降,低效率应聘者所占比例不断上升。这种应聘队伍结构的变化意味着什么呢?它当然意味着整个应聘队伍的平均效率的下降。反过来说,如果招聘者提高工资,应聘者的数量就会增加,而在这些增加的应聘者中主要的可能是一些工作效率较高的人才,这些人认为现在的高工资才值得他们应聘,结果整个应聘队伍的平均效率就上升了。

由此可见,在招聘者所出的工资水平与应聘者的平均效率之间存在着一个同方向变化的关系:平均效率随着工资水平的下降而下降,反之亦然。进一步研究这个关系还会发现,它具有如下两个特点:一个特点是,当工资水平下降到一个很低水平(但仍然大于零)时,平均效率就可能已经下降到“零”——因为此时应聘者的数量将减少到零。即使是那些工作效率很低的人也会认为这样的工资水平太低了,从而拒绝应聘。另一个特点是,随着工资水平的不断提高,尽管应聘者的平均效率也在不断提高,但提高的"速度"却是越来越慢的,就是说,工资增加对平均效率的影响是"递减"的。例如,当工资处于较低水平时,应聘队伍的平均效率较低,仍在应聘队伍之外的高效率人才也较多,故此时提高工资水平吸引高效率人才参聘能够较大程度地提高平均效率。但是,当工资水平已经处于较高水平时,情况就不一样了。一方面,应聘队伍的平均效率比以前高了许多;另一方面,仍在"局外观光"的高效率人才比以前也少了许多,故此时继续提高工资水平对平均效率的影响也将比以前小许多。

招聘者在招聘时不仅要考虑所支付的工资水平,而且要考虑应聘者的工作效率。一个应聘者,即使要求的工资很低,如果工作效率更差,也不会有人问津;反之,如果应聘者要求的工资很高,但其工作效率更高,也值得雇佣。工资和效率这两个指标可以综合在一起构成一个新的指标,即每单位工资水平上的效率。这个指标可以叫作工资效率。于是,招聘者在招聘时要考虑的就是他在所支付的每单位工资上能够得到的效率,即工资效率。招聘者在招聘中追求的显然就是最大的工资效率,而不是别的什么东西。

8.4.5　信息不完全和激励机制：委托—代理问题

在现实经济中,委托—代理关系是非常普遍的。例如,雇主和雇员、股东和经理、医院和医生、被告和律师等。在这些例子中,前者是委托人,后者是代理人。委托人委托代理人处理与自己有关的一些事务,并支付相应的报酬。但是,由于代理人的利益往往与委托人的利益并不一致(有时甚至可能完全不同),因此,对委托人来说,一个至关重要的问题就是:如何确保代理人按照自己的要求行事? 这就是所谓的委托—代理问题。

如果委托人对代理人的行为及其可能造成的后果有充分的了解,即具有完全的信息,则解决委托—代理问题就不会有太大的困难:他可以与代理人订立一份详细的合同,规定代理人应尽的责任,并对代理人的行为进行严格的监督,如果发现代理人有违约之处,即按照合同规定对其实施处罚。在这种情况下,委托—代理关系就不会出现严重的问题。但是,在现实生活中,委托人对代理人的情况往往缺乏足够的了解:委托人很难有足够的时间和精力来监视代理人的一举一动;即使有这样的时间和精力,也可能缺乏必要的知识和能力;更何况,在许多场合,监督本身也许都不可能。在这种信息不完全、委托人无法对代理人行为进行直接监控的条件下,委托人有什么办法能够确保代理人不偷懒、不耍滑,严格按照合同的规定来为自己的利益服务呢?

实际上,委托—代理问题也可以被看作一种"外部影响":代理人不按合同规定尽责尽力而偷懒或干私活的行为对委托人造成了损害,但却没有对这种损害进行补偿(或因这种损害而受到惩罚)。和其他的外部影响一样,由于信息不完全而引起的委托—代理问题也会给市场机制的正常运行带来困难,从而造成低效率的结果。

解决委托—代理问题的一个方法是采用"木马计":委托人把自己的利益"植入"到代理人的利益之中,或者"搭载"到代理人的利益之上。这样,当代理人为自己的利益而采取行动时,他同时也就是在为委托人的利益服务了。下面是"木马计"的两个例子,一个涉及股东和经理的关系,另一个涉及雇主和雇员的关系。

许多现代公司的所有权和经营权都往往是分离的。这种情况下的委托—代理问题就是:如何确保公司经营者(经理)的行为符合公司所有者(股东)的利益? 例如,允许本公司的高级经理人员在以后10年中的任何时候均可按2003年1月1日时的市场价格购买不超过10 000股的本公司股票。这里值得注意的是,公司给予其经营者的不是现金报酬,也不是股票本身,而是一种权利,根据这种权利,经营者可以购买本公司的股票。

股票期权计划对企业经营者具有两个方面的激励作用。一个叫作报酬激励,另一个叫作所有权激励。股票期权的报酬激励是在经营者购买股票之前发挥作用的。在股票期权计划下,如果公司经营得好,公司股票的价格就能够不断地上涨,经营者就可以通过行使股票期权计划所赋予的权利(即购买既定价格和数量的公司股票)而获得可观的收益;反之,如果公司经营得不好,股票价格就不能够上涨,有时甚至还会下跌,在这种情况下,经营者就可以放弃股票期权计划所赋予的特权而避免遭受损失。总之,股票期权向企业的经营者提供了一个没有任何风险的获利机会。

前面所举的某公司的例子可以用来更加具体地说明股票期权的作用。假定在开始推出股票期权计划的2003年1月1日,该公司股票的市场价格为5元。再假定由于经营有方,经过5年之后,即在2008年1月1日,股票价格上涨到15元。此时,拥有股票期权的公司高级经理人员就可以按2003年1月1日的每股5元的价格购进,并按2008年1月1日的每股15元的价格卖出总共10 000股的本公司股票。在这种情况下,每买卖一股股票可以赚取10元钱,买卖全部所允许的10 000股股票则可以赚取总共10 × 10 000 = 100 000元。当然,如果预计公司的股票还会进一步升值,则这些高级经理人员也可以决定暂时不买,而等到股票价格上升到更高水平以后再买,从而获得更大的收益。由此可见,一方面,只要公司的股票能够不断地升值,股票期权计划就可以给公司的高级经理人员带来丰厚的报酬;另一方面,如果公司经营状况不佳,股票价格不断下跌,比如跌到每股3元,则每购买一股股票就要损失2元。在这种情况下,公司高级管理人员显然将放弃他们所拥有的股票期权。

从以上例子可以看到,股票期权计划给予企业经营者的实际上只是一种获利的可能性。要使这种可能性变为现实性,还需要这些经营者积极地负起责任来,通过不断地改善经营管理来实现公司资产的不断增值,实现股票价格的不断升值。这样一来,股票期权计划就通过报酬激励机制把经营者的行为引导到与公司所有者的利益相一致的轨道上来了。

另外,股票期权的所有权激励则是在经营者购买了股票之后发挥作用的。一旦经营者购买了公司的股票,则他们也就处于和普通股东同样的地位了:他们现在也成了企业的所有者。作为企业的所有者,他们的目的当然也是利润的最大化,为了资产的保值增值。

表8-1假定,雇员的努力程度只有两种情况:偷懒或者不偷懒,随机因素的影响也只有两种情况:运气差和运气好,并且,这两种情况出现的概率相同,都是二分之一。雇员可以决定偷懒或者不偷懒。这两种行为对雇主的利润有不同的影响。一方面,如果雇员决定偷懒,

表8-1 雇主的利润

单位:元

项 目	运气差	运气好
偷懒	10 000	20 000
不偷懒	20 000	40 000

则雇主的利润在运气差的情况下为 10 000 元,在运气好的情况下为 20 000 元;另一方面,如果雇员决定不偷懒,则雇主的利润在运气差和运气好的两种情况下分别为 20 000 元和 40 000 元。从表格所给的这些数字中可以看到,雇主的信息是不充分的。雇主只有在最后的结果是 10 000 元或 40 000 元利润的情况下,才能够对雇员的努力程度做出准确的判断:如果是 10 000 元,可以断定雇员是偷懒;反之,如果是 40 000 元,可以断定雇员没有偷懒。但是,当利润为 20 000 元时,雇主就无法判断雇员到底是偷懒还是没有偷懒。一方面,即使雇员偷懒,但如果运气好,利润照样可以达到 20 000 元;另一方面,即使雇员不偷懒,但如果运气不好,利润最多也只能有 20 000 元。

在现实的经济中,由于存在着各种各样的复杂的干扰因素,这种无法断定雇员努力程度的情况是相当普遍的。雇主方面的这种信息不完全,使雇员有可能为了自己的利益而偷懒。

与雇主不同,雇员为雇主干活是为了得到一份工资收入。但是,干活意味着失去闲暇,还有工作时的种种单调乏味、紧张疲劳甚至不愉快,这些都是雇员提供劳动的成本。

为简单起见,假定雇员的劳动成本在偷懒时为 0,在不偷懒时为 10 000 元。雇员的目标是使工资收入减去劳动成本之后的差额(即净收益)达到最大。现在来看雇主如何解决他所面对的"委托—代理"问题。从表 8-1 中可以看到,对雇主来说,最有利的结果当然是雇员不偷懒。这是因为,如果雇员偷懒,雇主的期望利润(未扣除工资)只有:

$$1/2 \times 10\,000 + 1/2 \times 20\,000 = 15\,000(元)$$

而如果雇员不偷懒,这一期望利润(未扣除工资)可以高达:

$$1/2 \times 20\,000 + 1/2 \times 40\,000 = 30\,000(元)$$

现在的问题是,雇主如何确保雇员不偷懒呢? 如果雇主的信息是完全的,即雇主能够随时监视雇员的行为,他就可以把工资报酬与雇员的努力程度直接联系起来。在这种情况下,雇员无法偷懒,否则就要面临罚款甚至被解雇的危险。但是,一旦雇主方面存在着如表 8-1 所示的信息不完全,他就无法有效地监控雇员的行为,无法再把工资与雇员的努力程度直接挂钩,而只能把它与可观察的生产结果(表 8-1 中的利润)相联系。在这种情况下,不同的报酬形式(或"激励机制")可以改变雇员的行为——从不偷懒变为偷懒,或者相反,从偷懒变为不偷懒。于是,雇主就有必要设计和采用"好"的激励机制,以确保雇员的行为与自己的要求相一致(在表 8-1 的例子中,就是要保证雇员不偷懒)。下面我们来看一下在三种不同的激励机制下雇员的行为。

(1)固定工资

假定雇主支付给雇员 12 000 元的固定工资(其他数量的固定工资也一样)。在这种情况下,雇员为了自己的利益最大化,肯定会采取偷懒的行为。这是因为,如果他偷懒的话,他的净收益就是 12 000 元(此时的劳动成本为 0),而如果他不偷懒的话,净收益只有 12 000- 10 000 =2 000 元。其中,减去的 10 000 元是不偷懒时的劳动成本。于是,在固定工资的条件下,雇员肯定偷懒。

在雇员偷懒的条件下,雇主只能得到较低的预期净利润(扣除工资之后):

$$(1/2 \times 10\,000 + 1/2 \times 20\,000) - 12\,000 = 3\,000(元)$$

而在雇员不偷懒的情况下,他的预期净利润本来可以高达:

$$(1/2 \times 20\,000 + 1/2 \times 40\,000) - 12\,000 = 18\,000(元)$$

可见,固定工资导致了低效率。

（2）奖勤罚懒

与固定工资的情况相比,通过对不偷懒的行为进行鼓励,则可以使雇主和雇方得到好处。例如,假定雇主给雇员制订如下的报酬计划:如果利润不超过 20 000 元,则工资为 0;如果利润达到 40 000 元,则工资为 24 000 元。

在这种情况下,雇员偷懒的结果就是工资等于 0。因为在偷懒的条件下,无论运气好坏,利润都不会超过 20 000 元。由于雇员偷懒的工资为 0,同时其劳动也为 0,因此其净收益等于 0。雇员不偷懒的预期工资收入是:

$$1/2 \times 0 + 1/2 \times 24\,000 = 12\,000(元)$$

不偷懒的劳动成本 10 000 元扣除之后,净收益等于 2 000 元。于是,雇员出于自身的考虑会决定不偷懒。此时,雇主的预期利润也比固定工资时大大增加:

$$1/2 \times (20\,000 - 0) + 1/2 \times (40\,000 - 24\,000) = 18\,000(元)$$

（3）利润分享

下面的"利润分享"计划也可以起到与"奖勤罚懒"同样的激励作用:"当利润低于 18 000 元时,工资为 0;当利润高于 18 000 元时,超过部分即工资给予雇员。"此时,如果雇员偷懒,他的预期工资收入是:

$$1/2 \times 0 + 1/2 \times (20\,000 - 18\,000) = 1\,000(元)$$

收益也为 1 000 元（因为偷懒的劳动成本为 0）。另外,如果不偷懒,预期收入则为:

$$1/2 \times (20\,000 - 18\,000) + 1/2 \times (40\,000 - 18\,000) = 12\,000(元)$$

不偷懒的劳动成本 10 000 元扣除之后,净收益为 2 000 元。由此可见,在上述利润分享的情况下,雇员出于自身利益的考虑将决定不偷懒。这样,雇主的预期收益为 18 000 元,与前面的"奖勤罚懒"时完全一样。

当然,这里所举出的例子都是非常简单化的情况,其目的仅仅在于说明激励机制有助于解决委托—代理问题。

8.4.6　信誉和信息调控

信息的不完全和不对称带来了许多问题。市场机制本身可以解决其中的一部分。例如,为了利润的最大化,生产者必须根据消费者的偏好进行生产,否则,生产出来的商品就可能卖不出去。生产者显然很难知道每个消费者的偏好的具体情况。不过,在市场经济中,这一类信息的不完全并不会影响他们的正确决策——因为他们知道商品的价格。只要知道了商品的价格,就可以由此计算生产该商品的边际收益,从而就能够确定他们的利润最大化产量。

通过市场机制本身来解决信息不完全和不对称问题的另外一个方法是建立"信誉"。在信息不完全和不对称的情况下,如果没有其他的约束机制,市场就会到处充斥劣质的产品。这是因为,一方面,消费者知道,生产和销售产品的企业比自己更加了解商品的质量,因而就有可能利用这一信息优势来进行欺骗,即生产一些成本较低的劣质产品,并把它们拿到市场上来以次充好,以获得更大的利润。基于这种认识,消费者只愿意对企业提供的商品支付较低的价格。另一方面,由于消费者只愿意支付较低的价格,企业也不会愿意生产成本较高的优质产品。这样一来的结果当然就是劣质产品把优质产品逐出市场。

幸运的是,由于存在着诸多的约束因素,现实的市场并没有糟糕到如上所说的地步。其中一个就是信誉。所谓信誉,可以看作消费者对企业行为的一种主观评价。消费者根据自己购买和消费某种产品的亲身体验以及来自其他消费者的忠告或别的因素,对生产和销售该产品的企业的诚信(或欺瞒)程度作出判断,并根据这种判断来决定以后是否会购买该企业的产品。

一般来讲,当买卖双方的关系相对固定时,信誉机制比较容易建立。在这种情况下,企业只要欺骗某个消费者一次,就可能永远失去这一消费者,甚至有可能失去更多的消费者。反之,如果是一次性的、流动性的买卖,交易结束之后,双方可能永远也不会再碰面,则建立信誉机制就比较困难,因为在这种情况下,对企业来说,"回头客"本来就不存在,也用不着担心受骗者会向其他消费者揭发自己的不是。不过,即使是在后面这种场合,信誉机制有时也可以起到一定的作用。以遍布世界的麦当劳为例。当你待在家里时,你也许并不愿意经常去麦当劳。但是,当你出差到一个陌生的地方时,去麦当劳也许就是一个不错的决定。街头那家名叫"张三"的饭馆提供的饭菜也许要更有风味,但你却无法肯定。你唯一能够肯定的是,这里的麦当劳和你家乡的麦当劳是完全一样的。因为麦当劳的产品全球都一样,去那里用餐用不着担心受骗。于是,通过这样的标准化,市场在一些"一锤子"买卖的场合也可以建立起信誉机制。

信誉在解决信息不完全和不对称问题上所起的最重要的作用就是"区分市场"。信誉把由于信息不完全和不对称而搞得混乱不堪的市场变得清晰分明起来。信誉好的商品意味着质量高,信誉差的商品意味着质量低。"区分市场"的信誉也使"高质高价"成为可能:产品质量高的价格就高,反之则低。"高质高价"鼓励了生产和销售优质产品的企业,同时也惩罚了生产和销售劣质产品的企业——它们的产品被打上劣质的烙印,无法再冒充优质产品。总之,这种方式提高了企业诚信的收益和欺骗的成本。

但是,市场机制并不能够解决所有的信息不完全和不对称问题。在这种情况下政府就有必要在信息方面进行调控。信息调控的目的主要是保证消费者能够得到充分和正确的市场信息,即增加市场的透明度,以便他们能做出正确的选择。例如,就保护消费者方面来说,常见的政府措施包括这样一些规定:发行新股票或新债券的公司必须公布公司的有关情况,产品广告上不得有不合乎实际的夸张之词,某些产品必须有详细的使用说明书,香烟包装上必须标明"吸烟有害健康"的字样等。

◆本章小结

市场失灵是指市场机制不能实现资源的有效配置,不能达到帕累托最优状态的情形。市场失灵的原因既可能来自市场机制本身运行的结果,如垄断;也可能来自市场外部,存在于市场机制发生作用范围之外,如公共产品和外部性的情形;有时是市场机制发生作用的条件受到限制,如信息的不完全与不对称情况。市场失灵理论为政府干预经济、制定相应的微观经济政策提供了理论依据。

垄断会导致效率损失、公平缺失及寻租行为,从而带来社会资源的浪费。国家对垄断的管制除通过立法限制外,还可以通过价格管制的手段。平均成本定价法和边际成本定价法体现了保障公平和提高效率的目标,两种方法对一般垄断和自然垄断管制的结果有很大差异。

外部性的存在使企业生产的私人成本和社会成本、私人收益和社会收益相背离。解决外部性的原则就是使私人成本和社会成本、私人收益和社会收益相一致。解决思路一种是以庇古为代表的行政手段,一种是以科斯为代表的市场手段。

信息不对称会带来逆向选择和道德风险以及委托—代理问题。通过政府干预、充分利用市场信号来减少逆向选择的影响,通过风险分担可以部分解决道德风险问题。由委托—代理问题而导致的效率损失需要通过设计有效的激励措施加以解决。

◆案 例

二手车市场问题

诺贝尔经济学奖得主乔治·阿克洛夫在他的论文中,用二手车市场的次品车问题解释了逆向选择。由于信息有限,二手车的买主通常无法准确判断眼前的这部二手车是性能良好的好车(真实价值15万元),还是麻烦不断的次品车(真实价值3万元),于是买主可能只愿意支付一个均价9万元甚至更低。相反,二手车的卖家对他的车的真实性能可能更加清楚,次品车车主很愿意以9万元的价格出售一辆价值3万元的车辆,但好车的车主则没有出售的动力。如果没有一个车辆信息共享机制,这将导致二手车市场被次品车所充斥,而几乎没有买家愿意购买次品车,最终导致市场成交量很低。

反映在股票市场上,次品车问题就成了逆向选择。如果投资人因信息不全,无法准确判断发行某只股票的上市公司是好公司还是差公司,就只愿意支付一个平均价格(介于好公司和差公司真实价值之间),那证券市场运行自然受阻。相信各位对前一阵子康美药业的财务造假有所耳闻,这是因为一些上市公司管理人具有强烈的动机隐瞒公司的问题,如果没有严格的监管和信息披露制度,股市的逆向选择就可能导致整个市场充斥着垃圾股。

◆复习思考题

一、名词解释

1.市场失灵

2.外部性

3.信息不对称

4.公共产品与公共资源

5.逆向选择与道德风险

二、单选题

1.某一经济活动存在外部不经济是指该活动( )。

A.私人成本大于社会成本 　　B.私人成本小于社会成本

C.私人收益大于社会收益 　　D.私人收益小于社会收益

2.科斯定理说明了( )。

A. 收入分配的重要性   B. 产权界定的重要性

C. 产业结构的重要性   D. 经济增长的重要性

3. 某项生产活动存在外部经济时,其产量(　　)社会最优产量。

A. 大于   B. 小于

C. 等于   D. 以上三种情况都有可能

4. 某人吸烟行为属于(　　)。

A. 生产的外部不经济   B. 消费的外部不经济

C. 生产的外部经济   D. 消费的外部经济

5. 解决外部不经济可采取(　　)。

A. 征税   B. 产权界定

C. 外部性内在化   D. 以上各项都行

6. "搭便车"现象是对(　　)的一种形象比喻。

A. 社会福利问题   B. 公共选择问题

C. 公共产品问题   D. 市场失灵问题

7. 生产某种产品产生污染,社会边际成本大于私人边际成本,如果通过征税调节,征税额应该等于(　　)。

A. 治理污染的成本   B. 私人边际成本

C. 社会边际成本   D. 社会边际成本与私人边际成本之差

8. 从社会角度看,效率要求(　　)之间相等。

A. 社会边际收益和社会边际成本   B. 社会边际收益和私人边际成本

C. 私人边际收益和私人边际成本   D. 私人边际收益和社会边际成本

9. 下列不能成为进入一个垄断行业壁垒的是(　　)。

A. 垄断利润   B. 立法   C. 专利权   D. 资源控制

10. 甲乙交易双方信息不对称,乙方掌握信息少是因为(　　)。

A. 甲方故意隐瞒交易信息   B. 乙方认知能力限制

C. 乙方获取信息成本太高   D. 以上三种都有可能

三、判断题

1. 市场失灵表明不能依靠市场的经济调节功能。　　　　　(　　)

2. 政府对自然垄断厂商的价格管制形式主要是边际成本定价法。(　　)

3. 如果垄断厂商的边际成本高于平均成本,应该首先考虑边际成本定价法。(　　)

4. 不可能发生企业的个体生产成本大于社会成本的现象。　(　　)

5. 公共产品生产商市场机制失灵是说供求双方信息不对称。(　　)

6. 街道两边的路灯属于公共产品。　　　　　　　　　　(　　)

7. 在交易完成之前,信息不对称可能导致逆向选择。　　　(　　)

8. 在交易完成之前,信息不对称可能导致道德风险。　　　(　　)

四、问答题

1. 试述市场失灵的原因及其相关对策。

2. 什么是信息不完全和信息不对称?

3. 简述公共产品的特性,举出两种公共产品的例子,并说明它们为什么是公共产品。

4. 为什么说垄断也有可能促进经济效益?

5. 在没有政府干预的情况下,公共产品的供给有哪些特点? 原因是什么?

五、案例分析

生长在黄海中的黄鱼以其肉嫩味美而闻名于世,但市面上越来越少、越来越贵;无锡太湖的银鱼也是一道佳肴,但餐桌上越来越难见其"身影"。究其原因,那就是人们无节制地滥捕。那人们为什么不在自己的池塘里滥捕,而在黄海和太湖中滥捕呢? 请你用学过的经济学理论加以分析。

参考文献

[1] 高洁,李贤海.经济学原理[M].北京:高等教育出版社,2012.

[2] 黄亚钧.微观经济学[M].4版.北京:高等教育出版社,2015.

[3] 王秋石,席小炎.王秋石《微观经济学》习题集[M].北京:高等教育出版社,2012.

[4] 高鸿业.西方经济学[M].5版.北京:中国人民大学出版社,2011.

[5] 袁志刚.西方经济学[M].2版.北京:高等教育出版社,2015.

[6] 保罗·萨缪尔森,威廉·诺德豪斯.经济学[M].萧琛,译.19版.北京:商务印书馆,2014.

[7] 陈钊,陆铭.微观经济学[M].2版.北京:高等教育出版社,2016.

[8] 叶德磊.微观经济学[M].5版.北京:高等教育出版社,2019.

[9] 付达院.经济学原理(第7版):微观经济学分册[M].北京:北京大学出版社,2015.

[10] 罗宾·巴德.迈克尔·帕金.微观经济学原理:第5版[M].王秋石,李胜兰,译.北京:中国人民大学出版社,2012.

[11] 蒋中一.数理经济学的基本方法[M].刘学,译.北京:商务印书馆,1999.

[12] 任保平,宋宇.微观经济学[M].2版.北京:科学出版社,2017.

[13] 海韦尔·G.琼斯.现代经济增长理论导引[M].郭家麟,等译.北京:商务印书馆,1994.

[14] 西蒙·库兹涅茨.现代经济增长:速度、结构与扩展[M].戴睿,易诚,译.北京:北京经济学院出版社,1989.

[15] 鲁迪格·多恩布什,斯坦利·费希尔,理查德·斯塔兹.宏观经济学[M].王志伟,译.10版.北京:中国人民大学出版社,2010.

[16] 宋承先.现代西方经济学:微观经济学[M].2版.上海:复旦大学出版社,1997.

[17] 范家骧,刘文忻.微观经济学[M].大连:东北财经大学出版社,2002.

[18] 斯蒂格利茨.《经济学》小品和案例[M].王则柯,译.北京:中国人民大学出版社,1998.

[19] 哈尔·R.范里安.微观经济学:现代观点[M].费方域,等译.6版.上海:上海人民出版社,2006.

[20] 梁小民.西方经济学教程[M].3版.北京:中国统计出版社,1998.

[21] 王秋石.宏观经济学原理[M].3版.北京:经济管理出版社,2000.

［22］尹伯成.西方经济学简明教程［M］.4 版.上海：上海人民出版社，2003.

［23］黎诣远.西方经济学［M］.2 版.北京：高等教育出版社，2005.

［24］袁志刚，樊潇彦.宏观经济学［M］.北京：高等教育出版社，2008.

［25］苏素.基于微观经济学的企业兼并理论［J］.重庆大学学报（社会科学版），2000，6（3）：54-57.

［26］高鸿业.微观经济学原理［M］.北京：中国人民大学出版社，2012.

［27］尹伯成.西方经济学简明教程［M］.5 版.上海：上海人民出版社，2006.

［28］高鸿业.微观经济学［M］.7 版.北京：中国人民大学出版社，2018.

［29］柴瑜，苏娟，孙宗亮.微观经济学［M］.南京：南京大学出版社，2017.

［30］吴开超，张树民.微观经济学［M］.3 版.成都：西南财经大学出版社，2017.